La magie de la télépathie

Le guide de divination pour percer les secrets de la télépathie, développer l'intuition, la communication psychique, la clairvoyance et la prémonition !

Émilie Sky

Selon le code de la propriété intellectuelle, copier ou reproduire cet ouvrage aux fins d'une utilisation collective est formellement interdit. Une représentation ou une reproduction partielle ou intégrale, quel que soit le procédé utilisé, sans que l'auteur ou ayant droit n'ait donné son accord, relève d'une contrefaçon intellectuelle aux termes des articles L.335 et expose les contrevenants à des poursuites.

Première édition 2022.

Copyright 2022

Le contenu de ce livre ne peut être reproduit, dupliqué ou transmis sans l'autorisation écrite directe de l'auteur. En aucun cas, l'éditeur ou l'auteur ne pourra être tenu responsable ou blâmé pour tout dommage ou toute perte monétaire due aux informations contenues dans ce livre, que ce soit directement ou indirectement.

Vous ne pouvez pas modifier, distribuer, vendre, utiliser, citer ou paraphraser toute partie du contenu de ce livre sans le consentement de l'auteur.

Veuillez noter que les informations contenues dans ce document sont uniquement destinées à des fins éducatives et de divertissement. Aucune garantie d'aucune sorte n'est exprimée ou implicite. Les lecteurs reconnaissent que l'auteur ne s'engage pas à donner des conseils juridiques, financiers, médicaux ou professionnels. Veuillez consulter un professionnel agréé avant d'essayer les techniques décrites dans ce livre.

En lisant ce document, le lecteur accepte qu'en aucun cas l'auteur ne soit responsable des pertes, directes ou indirectes, subies du fait de l'utilisation des informations contenues dans ce document, y compris, mais sans s'y limiter, les erreurs, omissions ou inexactitudes.

Sommaire

Introduction 1

Chapitre 1 : Qu'est-ce que la télépathie ? 7

Chapitre 2 : Les différents types de télépathie 15

Chapitre 3 : Les avantages de l'utilisation de la télépathie 33

Chapitre 4 : Dix signes qui indiquent que vous avez LE don 47

Chapitre 5 : Améliorez vos niveaux d'énergie spirituelle 61

Chapitre 6 : Utilisez la méditation pour vous ouvrir 77

Chapitre 7 : Ouvrez votre troisième œil 95

Chapitre 8 : Envoyez des messages psychiques aux autres 113

Chapitre 9 : La télépathie des jumeaux 125

Chapitre 10 : Fermer la porte télépathique 137

Épilogue 151

Introduction

Vous ne me connaissez probablement pas encore, ni moi ni même mes œuvres, mais j'espère de tout cœur qu'avec ce livre, vous pourrez développer vos dons ésotériques.

Je suis une grande fan des Marvel et notamment de la série *X-Men*. La première fois que j'ai pris conscience de la télépathie, c'était grâce au professeur Xavier, lorsque, plus jeune, je regardais le dessin animé *X-Men*. Si vous n'avez jamais regardé la série animée, les films ou lu les bandes dessinées, le Professeur Xavier est un personnage doté de nombreux pouvoirs surhumains, dont la télépathie. Il peut utiliser son esprit pour communiquer avec les autres. Il peut même aller dans leur subconscient pour découvrir ce qui s'y passe.

Quand j'étais enfant, tout cela semblait si réel. Puis, à l'adolescence, j'ai cru que la télépathie était juste quelque chose que les producteurs inventaient pour rendre leurs émissions et leurs films plus excitants.

Nous aimons tous l'idée d'avoir des capacités surhumaines. Cependant, grâce à ma curiosité et à mon sens de la recherche, j'ai vite compris que la télépathie était quelque chose de bien réel. En termes simples, la télépathie est définie comme « la capacité de transmettre des informations d'une personne à une autre par des moyens dépassant les cinq sens connus ». Vous n'utilisez pas vos sens de la vue, du toucher, de l'odorat, du goût ou du son lorsque vous communiquez par télépathie. Non, cette forme de communication va au-delà de ces cinq sens.

Maintenant, vous vous demandez peut-être comment cela est possible. Si vous êtes en train de lire ces lignes, vous êtes probablement arrivé ici parce que vous étiez curieux de savoir si c'était possible et comment ça fonctionnait. Il ne fait aucun doute que de nombreuses ressources prétendent aider les gens à comprendre ce concept de télépathie, notamment sur Internet. Malheureusement, beaucoup de ces ressources ne répondent pas aux attentes des personnes. J'ai moi-même été victime de nombreuses ressources inutiles avant de pouvoir enfin découvrir tout ce que je sais sur la télépathie. Cela m'a d'ailleurs incité à écrire un guide sur la télépathie, un guide destiné à aider les gens à découvrir leurs pouvoirs psychiques et à les améliorer. Ce livre que vous tenez entre vos mains à l'instant présent.

Bien qu'elles existent depuis de nombreuses années, les techniques de télépathie ont été un secret bien gardé dans le spiritisme. À la suite de l'émergence de preuves scientifiques montrant que la télépathie est effectivement possible, des occultistes connus se sont manifestés de toutes parts pour partager leurs connaissances avec le reste du monde.

Ce guide a été créé pour aider les gens à percer le mystère de l'échange de messages transphysiques et leur montrer comment ils peuvent, eux aussi, débloquer leur super pouvoir intérieur. Toute personne qui n'a que peu ou pas de connaissances dans le domaine de l'occulte ou du psychique peut trouver tout cela un peu irritant et compliqué. Donc, si vous êtes débutant dans cet univers, ce livre a été écrit pour vous. En utilisant le langage le plus simplifié et le plus digeste, ce livre vous dit, en

profondeur, tout ce que vous devez savoir sur la télépathie.
Vous y découvrirez l'histoire de la télépathie et comment elle a évolué dans l'humanité au fil des ans. Il explique comment les sorcières et les magiciens ont affiné leurs capacités télépathiques. En bref, ce livre vous aidera à découvrir comment communiquer vos pensées, vos sentiments et vos idées aux autres de manière paranormale. Compte tenu de la quantité d'informations disponibles, on peut affirmer sans risque de se tromper que la télépathie vous réserve un voyage inoubliable.

P.S. : Je vous coupe dans votre lecture, mais saviez-vous que durant les siècles derniers, et encore aujourd'hui, on a menti à des populations entières à propos des sorcières et de la Wicca ? Alors j'avais une question à vous poser, voudriez-vous recevoir un livre totalement gratuit intitulé « Comprendre la Wicca (pour les débutants) » ? C'est un guide pratique de 147 pages pour que vous compreniez l'histoire de la magie, des sorcières et de la Wicca, ainsi que les mensonges qui nous ont été racontés. Comprendre ce qu'est la Wicca et comment vous pouvez l'utiliser positivement dans votre quotidien, mais également comment effectuer des rituels Wiccan ! (d'une valeur de 17€). Vu que vous nous avez fait confiance en achetant ce livre, nous vous l'offrons gracieusement ! Il vous suffit de flasher le QR code ci-dessous si vous êtes sur une liseuse.

Je vous laisse maintenant reprendre votre lecture.

Alors, sans plus attendre, découvrons comment vous pouvez débloquer vos pouvoirs psychiques !

Chapitre 1 : Qu'est-ce que la télépathie ?

Les capacités psychiques existent sous de nombreuses formes. De la clairvoyance à la précognition *(la faculté de prédire l'avenir)* en passant par la télépathie, les gens ont manifesté des dons psychiques de différentes manières. Il existe plusieurs façons d'utiliser les capacités psychiques sous leurs diverses formes. Votre type de capacité ne dépend pas de la façon dont vous percevez les choses, mais plutôt de ce que vous ressentez. La télépathie est l'un de ces types psychiques que de nombreuses personnes possèdent, qu'elles en soient conscientes ou non.

Têle et *Pathê*

Ce sont les deux mots grecs à partir desquels le mot « télépathie » a été inventé. "*Têle*" signifie « au loin », « à distance », et "*Pathê*" signifie « sentiment » *(que ce soit des sentiments de souffrance ou de joie)*. À partir de là, on peut dire simplement que la télépathie signifie partager un sentiment à distance. En d'autres termes, il s'agit de « sentir » quelque chose qui est très éloigné de soi. La définition standard de la télépathie est une transmission de données ou d'informations d'une personne à une autre sans l'utilisation des canaux sensoriels connus. La *Society of Psychical Research (au Royaume-Uni)* a défini la télépathie comme le « passage paranormal d'informations d'une personne à une autre ».

À partir de toutes ces définitions, vous pouvez dire que la télépathie consiste à communiquer vos pensées, vos sentiments, vos idées et vos concepts mentaux à une autre personne sans interagir avec elle par le biais de vos cinq sens ou de votre corps physique. Essentiellement, l'esprit est le principal outil de communication en télépathie. La télépathie est une communication d'esprit à esprit.

Les personnes qui s'y connaissent en télépathie la considèrent comme un moyen de transmettre des informations paranormales ; cela signifie que ces informations ne peuvent pas être prouvées scientifiquement. Pourtant, des recherches scientifiques ont montré que la télépathie pourrait bien être réelle, même si son concept n'est pas accepté par la communauté scientifique étant donné que la télépathie relève de l'occultisme.

L'idée même de la communication d'esprit à esprit existe depuis des années, bien avant qu'Hollywood ne s'en empare. Les peuples anciens ont conservé des traces détaillées de la télépathie, tant dans les récits oraux que dans les écrits. Elle était alors considérée comme une capacité naturelle possédée par tous les humains et une capacité unique possédée par des personnes formées et douées. Heureusement, cela est toujours valable aujourd'hui. Tout le monde peut apprendre à communiquer par télépathie, à condition de le vouloir. Si vous voulez commencer à communiquer avec d'autres personnes en utilisant votre esprit, vous le pouvez si vous êtes prêt à fournir les efforts nécessaires, et ils sont de taille.

L'histoire de la télépathie est assez intéressante. La télépathie remonte aux Grecs et aux Égyptiens de l'Antiquité, même si le mot n'a été inventé qu'à la fin du XVIIIe siècle. Les Égyptiens antiques croyaient que les esprits pouvaient envoyer des messages d'un individu à un autre à travers leurs rêves. Les Grecs anciens croyaient également que les rêves pouvaient être utilisés pour envoyer des messages d'une personne à une autre. La connaissance de la télépathie, des rêves, etc., a été préservée pendant des années par de nombreux groupes indigènes. Le mot « télépathie » tel que nous le connaissons a été inventé en 1882 par Frederic W. H. Myers, érudit et fondateur de la *Society for Psychical Research*.

Au départ, le phénomène était désigné par d'autres termes tels que « la lecture des pensées », « le transfert des pensées » et « la communication des pensées ». Myers pensait que « télépathie » était un terme plus approprié pour le phénomène. Il est donc devenu plus populaire que ces expressions. Les recherches sur la télépathie ont débuté à la fin du XVIIIe siècle avec Franz Anton Mesmer. Mesmer est connu pour avoir popularisé le concept de « mesmérisme », qui était également appelé « magnétisme animal ». Ceux qui croyaient au magnétisme étaient appelés « magnétiseurs ». Ensuite, les magnétiseurs ont découvert que les sujets « magnétisés » ou hypnotisés pouvaient lire dans les pensées des magnétiseurs et même répondre aux instructions mentales des autres. Cela a relancé l'intérêt pour la recherche sur la télépathie.

Plus tard au XIXe siècle, la télépathie est devenue un phénomène observé dans la psychothérapie, qui était encore émergente. Cela a suscité l'intérêt de William James pour ce phénomène, l'amenant à préconiser une étude scientifique. C'est à ce moment que l'étude scientifique de la télépathie a réellement commencé. En fait, la télépathie a été la première capacité psychique à être observée et étudiée scientifiquement. Cela a été fait pour établir un lien entre les phénomènes psychiques et la science.

Les premières expériences étaient relativement simples et directes. Elles consistaient à placer deux personnes dans des pièces différentes. L'une d'entre elles était l'émettrice de chiffres, de mots et d'images ; l'autre personne servait de réceptrices de ces nombres, mots et images. Puis, le physiologiste Charles Richet a introduit la notion de hasard dans les tests, ce qui a permis de découvrir que la télépathie pouvait se produire en dehors de l'hypnotisme. Avec l'ajout du hasard mathématique aux expériences, les tests sont devenus beaucoup plus avancés.

Avançons jusqu'en 1930. J. B. Rhine, un botaniste américain, a commencé des expériences de perception extrasensorielle. Les tests de perception extrasensorielle consistaient à jouer des cartes portant des symboles spéciaux. Les cartes étaient initialement appelées cartes « Zener », puis ont été rebaptisées cartes « ESP ». Rhine a trouvé difficile de déterminer si la communication psychique d'informations se faisait par télépathie, précognition ou clairvoyance. Il a conclu que la télépathie est la même capacité psychique que la clairvoyance, bien qu'elles se manifestent toutes deux différemment. Il a également découvert que la distance et les obstacles n'affectent pas réellement la communication télépathique entre l'émetteur et le récepteur. D'autres méthodes de test sont apparues à la suite des travaux de Rhine sur la télépathie. À la fin du XIXe siècle, il y avait une controverse minimale dans la communauté scientifique autour de la possibilité d'une perception extrasensorielle. Au fil des ans, plusieurs théories ont vu le jour pour tenter d'expliquer la télépathie et son fonctionnement. Il est intéressant de noter qu'aucune de ces théories n'a été jugée adéquate. La raison en est que, comme l'a dit Rhine, les capacités psychiques sont imbriquées les unes dans les autres. Vous ne pouvez tout simplement pas les séparer les unes des autres pour quantifier les éléments des expériences psychiques. La télépathie ne peut être expliquée sans la clairvoyance, et il en va de même pour les autres phénomènes psychiques. Malgré l'avancée de nombreuses théories, la science n'a toujours pas réussi à obtenir une compréhension du fonctionnement de la télépathie. Vous trouverez ci-dessous une liste de caractéristiques qui ont été observées au fil des ans. Notez que ces caractéristiques ne sont pas applicables dans tous les cas.

- La télépathie est étroitement liée à l'état émotionnel de l'émetteur et du récepteur.
- Les femmes sont plus enclines à être télépathes que les hommes.
- Les capacités télépathiques peuvent s'accroître avec l'âge, peut-être parce que les cinq sens physiques s'affaiblissent avec l'âge. Cela aiguise la faculté télépathique d'une personne.
- La télépathie est plus facilement induite dans l'état de rêve.

- Des changements biologiques spécifiques se produisent pendant la télépathie. Par exemple, les ondes cérébrales du récepteur correspondent à celles de l'émetteur lorsqu'il partage un message télépathique.
- La télépathie est plus intense pendant la pleine lune. Cela suggère que le champ énergétique cosmique joue un rôle dans l'envoi et la réception télépathiques des messages.

Comme l'a dit Rhine, les compétences psychiques connues des humains sont toutes mélangées les unes aux autres. Personnellement, je considère la télépathie comme le fait « d'entendre » les pensées d'une autre personne. Dans le monde de la voyance, on appelle cela la « clairaudience », qui signifie essentiellement l'audition claire. La clairvoyance est la capacité psychique qui implique de sentir ou de voir les pensées, les sentiments, etc. La « clairsentience » est la capacité de « ressentir » les pensées, les sentiments, etc. d'une autre personne. Notez que ces capacités psychiques présentent toutes une similitude : elles ont toutes pour but d'accéder à des informations sur une autre personne de manière paranormale. Cela montre que ces capacités se confondent effectivement les unes avec les autres.

Comme il s'agit d'une capacité paranormale qui n'est généralement pas associée aux humains, on pourrait s'attendre à ce que les gens ne croient pas à l'existence de la télépathie ou de toute autre capacité psychique. Au fil des ans, il y a eu des cas avérés de fraude psychique. De nombreuses personnes qui prétendaient posséder des pouvoirs psychiques se sont avérées être des menteurs et des fraudeurs qui trompaient les gens pour des raisons purement égoïstes. Mais malgré ces cas, beaucoup de gens continuent de croire que les capacités psychiques telles que la télépathie et la clairvoyance existent, et il y a des raisons à cela. Récemment, un rapport a révélé que les croyants psychiques ont tendance à penser de manière moins objective ou analytique. Cela signifie qu'ils ont tendance à voir les choses d'un point de vue personnel, ce qui n'est pas une mauvaise chose. Une autre raison pour laquelle les gens croient aux capacités psychiques est l'existence de résultats de recherche scientifique positifs. En raison des preuves mitigées de la communauté scientifique, les personnes qui croient aux capacités psychiques ont des raisons d'accepter que les affirmations sont authentiques et réelles. Tant qu'il y aura des cas qui suggèrent que ces capacités sont réelles ou possibles, les croyants continueront à croire, tout simplement. Cela ne dénote pas nécessairement quelque chose de mal. La télépathie n'est pas seulement considérée comme la capacité de communiquer des pensées et des idées. On pense également que la télépathie peut être utilisée pour influencer les pensées et les idées des autres. Lorsque cela se produit, la télépathie devient un contrôle de l'esprit.

Après vous avoir donné un aperçu de l'histoire de la télépathie, des autres capacités psychiques et des préoccupations scientifiques entourant le phénomène, les chapitres suivants s'attacheront à percer les secrets de la télépathie et son fonctionnement dans le domaine occulte.

Vous êtes prêt ? Alors, c'est parti.

Chapitre 2 : Les différents types de télépathie

La télépathie est une combinaison de différentes activités psychiques, toutes centrées sur l'esprit. Habituellement, quand on pense à la communication, on pense à la communication orale et non verbale par l'écriture ou la gesticulation du corps. Mais comme je vous l'ai déjà dit précédemment, la télépathie est une communication par l'esprit. Si vous pensez à des superhéros ou même à des extraterrestres lorsque vous entendez parler de télépathie, c'est tout à fait normal. La réalité est toutefois différente. Vous n'avez pas nécessairement besoin d'une cape pour avoir la capacité de communiquer avec les autres par la pensée.

La télépathie est une compétence que vous possédez déjà, même si vous ne le savez pas encore. C'est pourquoi le but de ce livre est de vous aider à « débloquer » vos dons, à les révéler. La télépathie est plus naturelle que vous ne le pensez. Chacun a la capacité innée de se brancher sur la conscience des autres pour partager des messages avec eux. Les activités télépathiques varient d'une personne à l'autre. Quatre activités télépathiques largement reconnues se manifestent chez les humains. Ce sont :

- **la lecture des pensées :** être capable de sentir ou d'entendre ce qui se passe dans l'esprit des autres ;

- **la communication mentale :** communiquer directement avec les autres sans paroles ni gestes ;
- **l'impression télépathique :** le fait de semer des mots ou des pensées dans l'esprit d'une autre personne. On peut aussi semer une image *(penser au film* Inception*)* ;
- **le contrôle mental :** la capacité d'influencer et de contrôler les actions d'une autre personne en contrôlant ses pensées.

Pour comprendre pleinement la télépathie, vous devez comprendre la conscience humaine au-delà du niveau de surface, vous devez la comprendre à un niveau beaucoup plus profond. Les humains ont généralement une conscience, qui est essentiellement la conscience des sentiments. La conscience est la base de toute expérience humaine. Lorsque vous comprendrez profondément la conscience humaine, vous comprendrez également qu'il est possible de se connecter avec la conscience des autres. Pour ce faire, vous alignez votre grille de conscience avec celle d'une personne de votre choix. Une autre façon de comprendre cela est de l'envisager d'un point de vue énergétique. Les êtres humains vibrent de l'énergie. Chaque être humain est entouré d'un champ énergétique, appelé aura. Grâce à l'aura, vous pouvez transmettre des fréquences de votre champ énergétique à une autre personne. Lorsque votre fréquence vibratoire s'aligne avec celle d'une autre personne, il devient possible de communiquer par télépathie avec cette personne. De cette façon, vous n'avez pas besoin de vos sens pour communiquer, puisque vous avez établi une connexion aurique.

En fait, les capacités psychiques telles que la clairvoyance, la clairsentience et la clairaudience, sont activées par la compréhension du champ aurique. Et puisque j'ai déjà établi que ces capacités sont toutes liées à la télépathie d'une manière ou d'une autre, il est logique que le champ énergétique vibrant joue également un rôle dans la communication télépathique. Beaucoup de gens croient que les médiums sont les seuls à posséder ces capacités, mais ce n'est pas vrai. Les médiums ne sont pas très différents de vous, ils ne possèdent pas nécessairement de compétences spéciales au-delà de ce qui est présent chez tout le monde. Cependant, la différence réside dans le fait que les médiums ont fourni les efforts nécessaires pour affiner et améliorer leurs compétences. Ainsi, elles sont devenues plus naturelles pour eux, un peu comme si vous étudiez le karaté pendant quinze ans de votre vie.

Examinons de plus près les quatre activités télépathiques que je viens d'énumérer, voulez-vous ?

La lecture des pensées

La façon la plus simple de définir la lecture des pensées est la capacité intuitive de connaître les pensées non exprimées. La lecture des pensées est l'une des activités télépathiques les plus courantes auxquelles s'adonnent de nombreuses personnes, sciemment ou non. Il ne fait aucun doute que vous avez eu au moins une fois l'occasion de savoir ce que pensait quelqu'un sans même qu'il vous le dise. Il se peut aussi qu'une autre personne vous ait dit quelque chose à quoi vous pensiez sans que vous lui disiez ce que c'était. Cette expérience n'est pas limitée à vous ou à une poignée de personnes. C'est une expérience assez courante que toutes et tous nous expérimentons.

Pour lire les pensées des gens, il faut commencer par lire les gens eux-mêmes. Plus vous êtes doué pour lire les personnes, plus vous êtes doué pour lire dans les pensées. En apprenant à prêter attention aux petites choses, apparemment insignifiantes, que les gens expriment avec leur corps et leurs mots, vous pouvez apprendre à découvrir ce qui n'est pas dit par la bouche.

Dans une certaine mesure, vous avez probablement même déjà lu dans les pensées d'une personne sans le vouloir. Inconsciemment, les humains observent et captent certaines choses sur les autres. Mais comme il s'agit d'un effort subconscient et parfois inconscient, nous ne prêtons pas attention à cette capacité ; beaucoup de gens rejettent cette possibilité.

La lecture des pensées est une capacité innée, elle est ancrée en chacun de nous. Cependant, supposons que vous ne vous entraîniez pas et ne vous concentriez pas sur l'utilisation consciente de cette capacité : dans ce cas, cette capacité ne peut pas être développée au point de vous permettre de la mettre en œuvre avec assurance et quand vous le souhaitez.

Les personnes qui maîtrisent l'art de la lecture des pensées peuvent refléter les pensées et les sentiments des personnes qu'elles rencontrent et avec lesquelles elles interagissent. Notez que j'ai défini la lecture des pensées comme la capacité de « sentir » ou de « ressentir » les pensées et les sentiments des autres. Cela signifie que vous n'avez pas besoin d'entendre les pensées dans votre propre tête, mais que vous pouvez les identifier. Il y a plusieurs façons de ressentir les pensées et les sentiments d'une autre personne. Mais le moyen le plus simple consiste à se concentrer sur la personne dont vous voulez lire les pensées et à essayer d'avoir de l'empathie pour elle. En d'autres termes, vous vous mettez à la place de cette personne. En procédant ainsi, vous pouvez connaître l'état d'esprit d'une personne.

Il est facile de lire dans les pensées d'une autre personne si vous comprenez certaines choses. La première chose à comprendre est que vous ne pouvez pas lire dans l'esprit d'une autre personne si vous n'ouvrez pas votre esprit, c'est primordial. La lecture des pensées nécessite l'ouverture de votre aura aux personnes qui vous entourent. Certaines choses — le stress, la frustration, l'anxiété, etc. — empêchent souvent de s'ouvrir aux autres. Pour surmonter cette obstruction, vous devez être ancré dans le moment présent. Cela signifie que vous devez laisser aller toutes les pensées et tous les sentiments, laissant votre esprit vide pour accueillir les informations d'un autre esprit. Veillez à vous imprégner de l'énergie environnante tout en gardant vos propres pensées à distance. Ensuite, vous devez également « voir » l'autre personne. En ce sens, la voir signifie être conscient de son énergie. Cela vous donnera un aperçu indispensable de sa situation. Enfin, vous devez vous concentrer sur elle. La focalisation vous permet de vous connecter à ses énergies et à ses corps subtils, révélant ainsi beaucoup de choses sur cette personne.

La communication mentale

Il s'agit d'une communication directe avec une autre personne, sans l'utilisation de mots ou de gestes corporels. La communication mentale est ce que la plupart des gens considèrent comme de la télépathie ; ils négligent d'autres aspects, notamment la lecture des pensées, l'impression et le contrôle. La communication d'esprit à esprit se produit de manière ordinaire dans notre vie quotidienne. Il vous est peut-être arrivé de communiquer mentalement avec une autre personne sans y prêter attention. Les humains sont toujours en contact les uns avec les autres par le biais de la communication mentale dans leurs interactions quotidiennes. Chaque jour, nous envoyons et recevons des pensées, des sentiments, des messages et des informations au-delà des cinq sens physiques, qui sont censés être les supports de la communication. Vous avez sûrement déjà entendu quelqu'un dire qu'il est « en contact » avec ses proches. Lorsque les gens disent cela, on peut avoir l'impression qu'ils le disent simplement sans raison, mais ce n'est pas le cas.

Il est possible de capter les pensées, les sentiments, les humeurs et les désirs d'un être cher, indépendamment de la distance et d'autres facteurs. Par exemple, une mère peut savoir si son enfant, situé à des centaines de kilomètres, est en danger. Comment cela est-il possible ? Le fait est que vous communiquez fréquemment avec les autres à des niveaux extraphysiques, c'est-à-dire au-delà de ce qui est observable sur le plan physique. Vous n'êtes juste pas encore conscient de cette activité.

Vous est-il déjà arrivé d'avoir quelqu'un en tête et de recevoir un appel de sa part peu de temps après ?

La communication mentale se manifeste de différentes manières. Contrairement à ce que vous pouvez croire, vos pensées sont tangibles. Elles ont une forme, mais pas de manière rigide comme les choses du monde physique. Les pensées peuvent être perçues et transmises au-delà des sens physiques. Selon votre perception, les pensées peuvent même prendre des formes et des couleurs. Elles sont toujours en mouvement, se déplacent et changent d'une manière qui dépasse l'entendement ordinaire.

Cependant, l'état actuel du monde a rendu encore plus difficile la communication mentale avec les autres. Dans le monde moderne, nous sommes déconnectés de la nature, dépendants de la technologie et nos psychés sont continuellement bombardées de toutes sortes d'informations et de publicités. Tout cela rend incroyablement difficile l'utilisation de nos sens physiques supplémentaires pour communiquer avec les autres. Cela entrave notre capacité à nous connecter et à rester en contact les uns avec les autres de manière intuitive et empathique.

Pour les peuples indigènes qui ont réussi à préserver l'intégrité structurelle de leur culture, la communication mentale et la télépathie dans son ensemble font partie intégrante de leurs expériences quotidiennes. Par conséquent, ceux qui choisissent d'être chamans ou médiums peuvent développer ces capacités à des niveaux qui peuvent sembler extraordinaires. Ces capacités sont renforcées et développées par l'immersion d'une personne dans des pratiques spirituelles complémentaires. Comme toute autre compétence, elles peuvent être améliorées par la pratique et la concentration.

L'impression télépathique

L'impression télépathique relève en fait de la communication mentale. Elle consiste à introduire des mots, des pensées et même des idées dans l'esprit d'une autre personne. Sur le plan psychologique, on peut y voir une technique de manipulation. Cependant, cela dépend vraiment du type d'informations que vous introduisez. Cela se fait également par télépathie. La manipulation en psychologie implique souvent de suggérer des pensées et des idées dans l'esprit d'une autre personne par une communication orale.

L'impression télépathique, par contre, se fait sans l'utilisation de mots ou de quoi que ce soit d'autre. Il suffit de projeter une image, un mot ou une idée dans l'esprit d'un autre individu pour qu'il la voie exactement comme elle est dans l'esprit de l'expéditeur.

Le contrôle télépathique de l'esprit

La télépathie peut également être utilisée pour influencer ou contrôler les pensées et les sentiments d'une autre personne. Lorsque vous contrôlez ou influencez une autre personne avec votre esprit, cela s'appelle le contrôle mental. En soi, le contrôle de l'esprit est un terme vague. Il peut être utilisé dans différents contextes. Lorsque vous pensez au contrôle mental, la première chose qui vous vient à l'esprit est probablement l'asservissement d'autres personnes. Même dans les films et les séries télévisées, le contrôle mental est utilisé pour faire des marionnettes et des robots à partir de personnes. Toutefois, cela ne se produit que dans des contextes fictifs. En réalité, ce qui se rapproche du contrôle mental tel qu'il est dépeint dans les films se trouve dans certaines pratiques religieuses, en particulier celles qui sont très demandées comme les sectes et les organisations idéologiques. Dans ces pratiques, les membres utilisent la privation extrême de sommeil, l'hypnose, des drogues altérant l'esprit, l'influence subliminale, etc. pour contrôler et influencer les pensées ainsi que les sentiments des membres. Dans la plupart des cas, ces méthodes fonctionnent réellement, mais seulement si elles sont appliquées collectivement. Individuellement, elles ne peuvent pas réellement permettre de contrôler les pensées et les sentiments d'un autre.

Par contre, par télépathie, il est tout à fait possible d'influencer les pensées des gens en introduisant d'autres choses dans leur esprit. Lorsque vous contrôlez par télépathie les pensées d'une autre personne, vous contrôlez par inadvertance ses actions. C'est parce que les pensées prédisent les actions. Malheureusement, des personnes malveillantes tentent de contrôler les pensées des autres par télépathie la nuit, pendant leur sommeil. Ils agissent ainsi parce qu'il est beaucoup plus facile d'exercer un contrôle sur l'esprit d'une personne pendant son sommeil. Le contrôle télépathique de l'esprit est une question d'influence. Il peut être réalisé avec ou sans l'utilisation de stratégies externes ou d'accessoires. Il peut être bénéfique ou destructeur selon la personne concernée.

Lorsqu'il est utilisé de manière positive, le contrôle télépathique de l'esprit peut contribuer à faciliter des changements de vie bénéfiques. D'un autre côté, il peut aussi détruire une personne lorsqu'il est utilisé de manière négative. Comme je l'ai dit, tout dépend de la personne qui exerce une influence sur l'esprit d'autrui. C'est pourquoi les peuples indigènes ont essayé de limiter la connaissance de la télépathie aux personnes considérées comme ayant un cœur pur.

Beaucoup de gens croient que ces quatre activités télépathiques sont les types de télépathie, mais ce n'est pas le cas, c'est pourquoi je vous ai d'abord expliqué ces quatre activités.

Contrairement à cette idée fausse, il existe trois types de télépathie : la télépathie instinctive, la télépathie mentale et la télépathie spirituelle. Certaines personnes considèrent également la télépathie animale comme un type de télépathie. La télépathie instinctive et la télépathie mentale ont toutes deux été confirmées par des études scientifiques remontant au XIXe siècle. La télépathie spirituelle s'explique mieux d'un point de vue spirituel. Examinons un par un ces quatre types de télépathie.

La télépathie instinctive

Vos « tripes » vous ont-elles déjà dit quelque chose qui s'est avéré ? Si vous avez déjà eu un sentiment à propos de quelqu'un ou d'une situation qui s'est révélé exact, c'est ce qu'on appelle un sentiment « instinctif », car il vient de quelque part en vous. Une intuition en est un parfait exemple. La télépathie instinctive est le type de télépathie le plus courant. C'est le type de télépathie que les humains partagent avec les animaux. La télépathie instinctive est encore couramment utilisée comme forme de communication par les peuples indigènes. Il s'agit d'une forme de communication par le chakra du complexe solaire, qui est le chakra de l'émotion et de l'instinct. Les prêtres indigènes hawaïens, communément appelés les Kahunas, pensent que le plexus solaire est à l'origine de la télépathie instinctive. Ils pensent que les messages télépathiques sont envoyés et reçus par les gens à travers le plexus solaire. Pour que vous puissiez réaliser la télépathie instinctive avec une autre personne, votre plexus solaire doit envoyer le message, qui sera ensuite détecté par le plexus solaire du destinataire. Les Kahunas pensent également que le corps éthérique d'une personne envoie un fil argenté et collant au plexus solaire de l'autre personne, établissant ainsi une connexion entre elles. Des messages télépathiques sont alors envoyés par le fil de connexion. Selon les Kahunas, le message télépathique est d'abord reçu par le moi inférieur, qui est aussi le moi instinctif. Le soi « bas » est appelé « l'*Unhipili* ». Depuis le soi bas, le message est relayé au « *Uhane* », le soi intermédiaire ou rationnel. Enfin, le message monte à l'esprit et devient en quelque sorte un souvenir. Lorsque des communications télépathiques répétées se produisent entre deux personnes de cette manière, le fil d'argent finit par devenir un cordon, et le cordon éthérique donne lieu à une forte communication télépathique entre deux ou plusieurs personnes. Vous pouvez envoyer les cordons de votre corps éthérique à des inconnus par une simple poignée de mains ou un regard.

Il est intéressant de noter que des peuples indigènes d'autres cultures ont des croyances similaires à celles des Kahunas d'Hawaï.

Les « *bushmen* du Kalahari » en Afrique croient qu'un fil partant du nombril relie les humains et les autres créatures vivantes. Ils pensent que ce fil est un courant d'énergie semblable à de l'argent qui est présent dans toutes les créatures. Grâce à ce fil, les *bushmen* du Kalahari étaient capables d'envoyer et de recevoir des messages par télépathie. Les Aborigènes d'Australie pensent que leur « *miwi* » leur permet de communiquer à distance. On dit que le *miwi* est situé dans le creux de l'estomac. En gros, il se traduit par l'instinct ou l'âme. On pense également que le *miwi* permet de prédire l'avenir.

Comme les Kahunas hawaïens, les Japonais croient également que le plexus solaire permet une communication instinctive et non verbale. Ils pensent que leur *Haragei* permet de connaître les intentions des autres. "*Haragei*" se traduit par « tripes ». Les hommes d'affaires japonais font confiance à leur *Haragei* lorsqu'ils prennent des décisions commerciales. Si leur *Haragei* ne correspond pas à celui de l'autre personne, ils sont susceptibles d'annuler un accord commercial. La culture occidentale utilise l'intuition pour décrire ce phénomène tel qu'il est vécu par les Kahunas, les *bushmen* du Kalahari, les Aborigènes d'Australie et les Japonais.

Vous avez probablement connu au moins une situation où vous avez fait confiance à votre instinct pour prendre une décision. Il doit aussi y avoir eu des cas où vos tripes ne voulaient tout simplement pas que vous fassiez confiance à une autre personne. Ces sentiments instinctifs sont tous des exemples de télépathie instinctive. Comme je l'ai dit, la télépathie instinctive utilise le chakra du plexus solaire, qui est le troisième centre énergétique du système énergétique. La télépathie instinctive vous permet de ressentir les sentiments et les besoins d'une autre personne à distance. Les cas typiques de télépathie instinctive se produisent souvent entre des personnes qui partagent des liens émotionnels forts, comme les amoureux, les couples mariés, les meilleurs amis, les jumeaux, les parents et les enfants.

Exemple : vous voulez quelque chose pour votre anniversaire, quelque chose de spécifique, comme un collier avec votre nom gravé dessus. Vous n'en parlez à personne, car vous voulez qu'ils vous offrent ce qu'ils peuvent se permettre de vous offrir. À votre grande surprise, votre meilleur ami vous offre exactement ce que vous vouliez comme cadeau d'anniversaire. Et quand vous lui demandez, il vous répond : « J'ai senti que c'était ce que tu voulais. » C'est de la télépathie instinctive. Votre meilleur ami a été capable de sentir votre désir et votre besoin. Vous les lui avez communiqués par télépathie.

La télépathie mentale

La télépathie mentale est ce que nous appelons communément la télépathie. La plupart des gens ne connaissent pas d'autre type de télépathie. La télépathie mentale est une télépathie d'esprit à esprit. Ce type de télépathie utilise le chakra de la gorge pour communiquer. Elle a lieu dans les niveaux inférieurs du plan mental, situés dans le champ aurique. Pour pratiquer la véritable télépathie mentale, vous devez avoir un centre d'attention concentré et unidirectionnel. La télépathie mentale est souvent confondue avec la transe. La transe est une forme de médiumnité dans laquelle une entité prend en charge le corps du canal pour lui transmettre un message. La télépathie mentale, en revanche, se produit entre deux esprits conscients et concentrés. La lecture de pensées, la communication mentale, l'impression télépathique et le contrôle mental télépathique sont des formes de télépathie mentale.

Il existe deux exemples très connus de télépathie mentale qui font l'objet de discussions populaires dans les milieux ésotériques et scientifiques. Ces exemples sont tirés des travaux d'Alice Bailey, Helena Roerich et Helena Blavatsky. Chacune de ces femmes aurait travaillé avec un groupe de moines tibétains de l'Himalaya. Ces femmes faisaient office d'*amanuensis* (de scribes, en quelque sorte) pour les maîtres tibétains. Leurs livres, en particulier ceux d'Helena Blavatsky, ont eu une grande influence sur l'ésotérisme et la science. En fait, on dit qu'Albert Einstein était un admirateur des œuvres de Blavatsky.

Helena Roerich aurait communiqué avec le maître tibétain Morya pour créer des livres de philosophie spirituelle par télépathie mentale. Alice Bailey a travaillé avec le maître tibétain Djwal Khul pour créer dix-neuf livres traitant de la conscience et de l'évolution humaine.

Lorsqu'elle avait quinze ans, Bailey a reçu la visite du maître qui lui a dit qu'il avait du travail pour elle dans le futur. Vingt-quatre ans plus tard, Bailey a entendu une « voix » dans sa tête, lui demandant de l'aider à écrire et à produire une série de livres. À contrecœur, elle a accepté.

Au départ, Bailey ne pouvait qu'écouter et écrire les mots tels qu'ils apparaissaient dans son cerveau individuellement. Au fil du temps, à mesure que leurs âmes s'accordaient, elle a obtenu un accès direct aux pensées et aux idées du maître. Pendant trente ans, elle a travaillé avec Morya pour créer cette série de dix-neuf livres. Bailey est responsable de l'introduction des concepts *New Age* dans la culture populaire.

La télépathie mentale réelle est malheureusement rare de nos jours. Pour que quelqu'un puisse réaliser une véritable télépathie mentale, il doit se mettre en phase avec son subconscient. Notez que la télépathie mentale peut être spontanée ou délibérée. Nous voyons des exemples de télépathie mentale spontanée tous les jours. Si vous et une autre personne avez déjà dit la même chose simultanément, il s'agit de télépathie mentale spontanée. Cependant, la télépathie mentale délibérée est réalisable par les personnes qui choisissent de se concentrer sur la pratique de la télépathie avec intention.

La télépathie spirituelle

La télépathie spirituelle est également connue sous le nom de télépathie d'âme à âme. Il s'agit de la forme la plus élevée et la plus avancée de télépathie. C'est aussi la plus difficile à réaliser. La télépathie d'âme à âme se produit à partir du chakra couronne et des niveaux les plus élevés du plan mental. Elle ne devient possible que lorsque vous avez réussi à établir une connexion entre votre cerveau, votre esprit et votre âme. Lorsque vous alignez ces trois éléments, vous devenez un intermédiaire entre le monde physique et le monde spirituel. Les êtres spirituels, tels que les anges, les guides spirituels et le Divin, ne peuvent pas agir directement sur quoi que ce soit dans le monde matériel. Au lieu de cela, ils ont besoin de personnes avec un lien de communication direct entre leur cerveau et leur âme. Ils peuvent alors transmettre des informations, des pensées et des idées par l'intermédiaire de l'âme, qui sont ensuite relayées et imprimées dans le cerveau.

Sans connexion d'âmes, la télépathie spirituelle est impossible. Une connexion d'âmes peut être décrite comme un cordon par lequel l'énergie spirituelle circule entre les centres énergétiques de deux âmes sur le plan spirituel. Vous pouvez considérer la connexion d'âmes comme un fil qui permet à l'énergie de circuler d'une âme à l'autre. Un exemple de connexion d'âmes est le cordon des flammes jumelles, qui rend la télépathie possible entre jumeaux. Mais ce n'est pas le seul type de connexion d'âmes reconnu qui existe parmi les humains. Chacun a des connexions d'âmes préexistantes avec des personnes avec lesquelles il partage un groupe d'âmes. Les connexions d'âmes restent en sommeil jusqu'à ce que vous rencontriez des personnes de votre groupe d'âmes. Lorsque vous les rencontrez, la connexion d'âmes s'active, rendant la communication télépathique possible et facile. Grâce à votre connexion d'âmes, vous pouvez envoyer et recevoir de l'énergie les uns avec les autres. Cela augmente considérablement votre capacité à vous mettre à la place de l'autre, ce qui fait partie de ce que recouvre la télépathie. Le potentiel de télépathie spirituelle est l'un des avantages du partage de l'énergie spirituelle par la connexion d'âmes.

La télépathie animale

Certaines personnes peuvent communiquer par télépathie avec des animaux. Les animaux communiquent également entre eux par télépathie. La communication télépathique entre deux humains n'est pas si différente de la communication télépathique entre humains et animaux. Elles passent toutes deux par l'esprit. Puisque les animaux ne peuvent pas communiquer verbalement, mais trouvent quand même le moyen d'envoyer et de recevoir des messages entre eux, on pense que la télépathie est le langage du règne animal. Bien que beaucoup de gens ne le réalisent pas, les animaux sont des êtres sensibles. Ils ont leurs propres désirs, objectifs et choix pour communiquer avec les personnes qui sont prêtes à écouter ou à prêter attention. Les communicateurs animaliers peuvent communiquer par télépathie avec les animaux pour déterminer leurs pensées, leurs sentiments, leurs besoins et leurs désirs. De nombreuses personnes s'adressent à des communicateurs animaliers pour les aider à interagir avec leurs animaux de compagnie. Si vous maîtrisez les techniques de télépathie de ce livre, vous pourrez également, vous aussi, commencer à communiquer avec votre animal par télépathie.

N'oubliez pas que la télépathie mentale est le point central de ce livre. Elle comporte quatre activités : lire, communiquer, impressionner et contrôler. Tout au long de ce livre, vous découvrirez comment pratiquer chacune de ces activités télépathiques.

Chapitre 3 : Les avantages de l'utilisation de la télépathie

Les capacités psychiques présentent de nombreux avantages ; c'est pourquoi certaines personnes choisissent de les appeler des dons. Naturellement, plus vous êtes réceptif à la communication psychique, plus vous progressez sur le plan émotionnel, mental et spirituel. Limiter votre capacité à envoyer et recevoir des informations à vos cinq sens revient à vous limiter en tant qu'individu. Faire progresser votre communication au-delà de vos cinq sens peut améliorer tous les aspects de votre vie, de vos relations aux finances et à la conscience. Aussi étrange que cela puisse vous paraître, les problèmes de vos relations peuvent être résolus grâce à une conscience psychique accrue.

La télépathie rend la communication plus efficace en réduisant les possibilités de mauvaise interprétation ou de malentendu. Les mots peuvent être mal interprétés, mais si vous introduisez un élément d'information de votre propre tête dans l'esprit d'une autre personne, quelle qu'elle soit, vous avez plus de chances d'être compris comme vous le souhaitez.

Chaque être humain dispose d'une banque d'intelligence supérieure à laquelle il a accès lorsqu'il devient plus conscient sur le plan psychique. Cette intelligence supérieure dépasse la portée de notre raisonnement personnel. En fait, le raisonnement personnel est l'une des limitations dont vous souffrez en tant qu'être humain. Lorsque vous débloquez l'intelligence supérieure qui accompagne la conscience psychique, vous pouvez l'appliquer à différents aspects de votre vie. Par exemple, disons que vous remarquez que votre partenaire est mal à l'aise. Vous essayez d'en trouver la cause, mais vous n'arrivez pas à la déterminer. Supposons que vous soyez capable de télépathie et que vous soyez réceptif à vos sens psychiques. Dans ce cas, vous avez plus de chances de voir la cause de son malaise. Vous pouvez facilement lire dans son esprit pour découvrir précisément ce qui ne va pas, mais ce n'est pas tout. Vous avez également la possibilité de trouver la solution parfaite au problème. Il existe d'autres façons dont la télépathie (ou toute autre capacité psychique) peut vous aider à améliorer votre vie personnelle, sociale, professionnelle et spirituelle. Découvrons-les.

1. Amélioration de la communication

Lorsque vous développez votre capacité télépathique, vos compétences en communication s'améliorent. Pas seulement avec vous-même, mais aussi avec les personnes qui vous entourent. L'amélioration de la communication est l'un des principaux avantages de la télépathie. Le développement de vos capacités télépathiques offre des possibilités. Pensez à ce qui serait incroyable si vous pouviez simplement regarder une personne et découvrir certaines choses à son sujet. Comme ce serait incroyable si vous pouviez lire dans l'esprit d'une personne et découvrir des choses sur elle qui pourraient améliorer votre relation avec elle. Grâce à la télépathie, vous pouvez déterminer précisément ce que ressent une personne plutôt que de vous baser sur ce qu'elle vous dit qu'elle ressent. Vous pouvez également découvrir la ou les causes de ses émotions, qu'elles soient positives ou négatives. Lorsque vous rencontrez une nouvelle personne, vous pouvez utiliser vos compétences télépathiques pour découvrir tout ce qu'elle a vécu dans sa vie. Cela vous aidera à déterminer la meilleure approche à adopter pour interagir avec elle. Imaginez que vous puissiez savoir précisément quand votre proche a besoin de soutien ou de quoi que ce soit d'autre de votre part. Pensez à ce que ressentiraient les personnes qui vous entourent si vous saviez exactement ce qu'il faut leur dire à tout moment, même si vous les rencontrez pour la première fois. Il existe un niveau d'intimité qui ne peut être atteint avec d'autres personnes que si une communication efficace est en place. La télépathie vous rend émotionnellement intelligent. Lorsque vous pouvez deviner l'émotion exacte que ressent une personne, vous savez également comment y répondre au mieux. C'est précisément ce qu'implique l'intelligence émotionnelle.

2. La télépathie améliore votre précision

Cela nous ramène au premier avantage de la télépathie, à savoir l'amélioration de la communication. La télépathie est incontestablement plus précise que toute autre forme de communication. Elle est également plus précise que le langage. La raison en est que la télépathie peut transmettre même les abstractions et les synthèses qui sont généralement assez difficiles à réaliser avec le langage.

Le langage, qu'il soit écrit ou parlé, est adapté à l'échange de messages de basse fréquence avec une structure linéaire. Plus les informations sont détaillées, plus il est difficile de les communiquer efficacement à l'être humain moyen. La communication orale ou écrite peut devenir subjective, même si vous essayez d'être objectif dans le choix de vos mots et de votre grammaire. Par exemple, vous pouvez dire quelque chose à quelqu'un, et il le verra différemment de ce que vous aviez en tête. C'est l'une des raisons pour lesquelles la communication par le langage tend à provoquer des conflits, quelles que soient les intentions des communicateurs.

La télépathie, en revanche, améliore l'exactitude des informations. Elle peut transmettre la réalité exactement telle qu'elle est dans l'esprit du communicateur. Si vous voulez dire quelque chose à quelqu'un et que vous ne voulez pas qu'il vous comprenne mal, il vous suffit de planter l'image de ce que vous voulez dire exactement comme elle est dans votre esprit. Ce faisant, vous ne laissez aucune place à une mauvaise interprétation. Vous pouvez aussi envoyer un message direct d'esprit à esprit, impossible à contester. Dans un cas comme dans l'autre, vous serez certainement plus précis dans la façon dont vous transmettrez et relaierez les informations aux personnes qui vous entourent. Il en va de même pour les gens qui communiquent avec vous. Un monde où chacun peut envoyer et recevoir des informations directement par l'intermédiaire de son esprit est un monde enviable.

3. Envoyer et recevoir de grandes quantités de données

C'est un autre avantage de la télépathie qui est particulièrement fascinant quand on y pense. La télépathie offre aux humains la possibilité d'échanger facilement de grandes quantités de données, quelle que soit leur taille. Et le plus excitant, c'est que l'échange de données multidimensionnelles devient également facile. Comme le dit le célèbre dicton, « une image vaut mille mots ». Dans ce cas, imprimer des informations dans l'esprit est sans aucun doute un millier d'images ! Par le biais d'une impression mentale, vous pouvez facilement échanger des couches de données multidimensionnelles qui peuvent inclure n'importe quoi, du langage au son et à l'image. On peut également échanger d'autres formes d'informations que les humains n'ont pas encore connues ou identifiées.

La forme actuelle de communication par le langage nous a empêchés de faire l'expérience de l'immense quantité de données qui se trouvent au-delà de la portée des descriptions linguistiques. La télépathie offre la possibilité d'améliorer la capacité et la qualité de la communication au niveau mondial. C'est une des raisons pour lesquelles nous sommes reconnaissants que la télépathie soit une compétence qui peut être apprise par tout le monde.

4. Augmentation des vibrations

Pour débloquer vos capacités de télépathie, vous devez inclure la méditation dans votre routine quotidienne. Il a été prouvé que la méditation élève les vibrations. Vous savez déjà que tout ce qui existe est constitué d'énergie. Il existe une source d'énergie importante qui relie tout le monde dans le cosmos. Cette énergie circule également à travers tout. L'énergie existe sur un spectre. Ce spectre est composé de fréquences que nous appelons vibrations. D'un côté du spectre, vous avez les basses vibrations. Ce sont des fréquences denses qui sont associées à des sentiments et des émotions négatifs, comme la colère et l'envie. À l'autre extrémité du spectre, vous avez les vibrations élevées, des fréquences associées à des sentiments et des émotions positifs tels que l'amour et le bonheur. Lorsque vous vous trouvez du côté des vibrations élevées du spectre, cela signifie que l'énergie qui circule en vous est celle de l'amour et de la joie. C'est l'énergie dans laquelle les êtres supérieurs existent. C'est également la fréquence sur laquelle vous pouvez trouver votre moi supérieur ; c'est là que vit votre âme. En fait, tout le monde a son moi supérieur dans un état vibratoire élevé.

Cela signifie qu'être dans un état vibratoire élevé vous permet de vous connecter à votre moi supérieur et à la conscience collective de l'univers. Cela vous donne accès aux informations des anges, des guides spirituels, des maîtres ascensionnés et même du Divin.

La télépathie nécessite une méditation quotidienne afin de vous maintenir dans le bon état d'esprit pour l'utilisation de vos compétences psychiques. La méditation vous aide à atteindre l'état vibratoire élevé dont vous avez besoin pour accéder à vos capacités psychiques. Lorsque vous êtes dans cet état vibratoire élevé, vos portails psychiques s'ouvrent et vos vibrations sont à leur niveau maximal. D'une certaine manière, cela devient un cycle. Plus vous pratiquez la télépathie, plus vous vous rapprochez de l'extrémité supérieure du spectre énergétique. Et plus vous vous rapprochez de cet état vibratoire élevé, plus vous êtes à même d'utiliser vos compétences en télépathie, ainsi que d'autres compétences psychiques. C'est une situation gagnant-gagnant, un cercle vertueux, entre autres, puisque vous devez atteindre un état vibratoire élevé pour développer davantage vos compétences.

5. Ouverture des centres d'énergie

Vos sept chakras constituent vos centres d'énergie. Ils sont les portails par lesquels l'énergie circule du champ énergétique vers votre corps physique. Des chakras sains et équilibrés sont essentiels pour votre bien-être physique, mental, émotionnel et spirituel. Sans eux, vous ne pouvez utiliser aucune de vos capacités psychiques.

En fait, vous devez garder vos chakras ouverts et équilibrés à tout moment si vous voulez être capable de communiquer psychiquement. Vos chakras sont directement liés à vos portails psychiques. Vous vous souvenez de ce que j'ai dit à propos de la croyance des Kahunas et des Japonais selon laquelle le plexus solaire est responsable de la communication à distance ? Eh bien, il existe un chakra lié au plexus solaire, et lorsque ce chakra est ouvert, il vous rend clairsentient. Cela signifie que vous serez capable de ressentir psychiquement les pensées, les sentiments et les besoins d'une autre personne. Comme je l'ai déjà établi, la télépathie est liée à d'autres capacités psychiques telles que la clairvoyance, la clairsentience et la clairaudience. Sans ces quatre autres compétences, on peut dire que la télépathie vous sera difficile, voire impossible. La bonne nouvelle est qu'il est peu probable que vous possédiez l'une de ces compétences sans posséder les autres.

Pour ouvrir vos portails psychiques, vous devez travailler à nettoyer vos chakras et vous assurer qu'ils restent ouverts et équilibrés à tout moment. Ceci est réalisable par la méditation. La méditation sur vos chakras est essentielle pour les maintenir en équilibre et en bonne santé. La pratique de la télépathie exige que vous fassiez des méditations sur vos chakras pour les garder ouverts, en particulier votre chakra du troisième œil. De cette façon, la télépathie vous aide à garder vos centres énergétiques ouverts. Cela signifie que l'énergie continuera à circuler dans votre corps physique à travers les centres d'énergie, vous maintenant dans un état sain et vibrant. Plus vous pratiquez vos talents de télépathe, plus votre bien-être physique, mental, émotionnel et spirituel s'améliore. S'il y a un moyen de s'assurer que vos portails psychiques restent ouverts, c'est l'utilisation régulière de vos dons psychiques.

6. Prise de conscience et découverte

Comme toutes les capacités psychiques, la télépathie améliore la conscience que vous avez de vous-même. Mais elle ne conduit pas seulement à la découverte de soi, elle rend également plus conscient des autres. Lorsque vous êtes télépathe, vous avez la possibilité de relier les schémas de vos actions aux émotions que vous ressentez au plus profond de vous. Cela s'applique également aux personnes avec lesquelles vous interagissez. La découverte de soi est une étape que chacun doit franchir au cours de son voyage sur Terre. Être télépathe facilite la découverte de soi. La télépathie vous oblige à être plus en phase avec votre conscience. C'est précisément ce dont vous avez besoin pour vous découvrir et devenir plus conscient de vous-même. La découverte de soi et la conscience de soi débouchent sur la confiance en soi. Développer la partie psychique de vous-même est tout ce dont vous avez besoin pour avoir davantage confiance en vous et en votre but sur Terre. Cela vous permet d'affronter et de surmonter plus facilement tous les défis.

Disons que vous avez aiguisé vos compétences télépathiques, de la lecture des pensées à la communication mentale, en passant par l'impression et le contrôle. Vous rencontrez donc quelqu'un avec qui vous essayez de conclure un marché. À votre insu, cette personne a prévu quelque chose de négatif pour vous. Sans le savoir, vous pouvez lire dans ses pensées. Donc, vous lisez dans son esprit et découvrez ses pensées et ses sentiments à votre égard. Grâce à cette connaissance, vous pouvez rapidement annuler l'accord. En faisant cela, vous avez utilisé votre capacité à surmonter un défi qui aurait pu vous empêcher de remplir un objectif. La télépathie vous permet de valider vos sentiments et vos pensées. Si vous avez des sentiments négatifs à l'égard d'une personne qui semble gentille et amicale, vous pouvez vous en vouloir de ressentir cela. Cependant, si vous utilisez votre don de télépathie pour scanner son esprit, vous serez en mesure de découvrir pourquoi vous ressentez cela. Vous pourrez ainsi valider vos sentiments. Peu importe la gentillesse d'une personne, si vos tripes ne l'acceptent pas, il y a de fortes chances que vous deviez vous méfier.

7. Se préparer à recevoir des messages spirituels

La télépathie exige que vous soyez présent dans le moment présent. C'est possible grâce aux séances de méditation. Lorsque vous méditez, vous placez votre esprit dans un état de calme et de paix. Le but de la méditation pour éveiller et améliorer vos compétences télépathiques est de calmer votre esprit pour ce qu'il est sur le point d'envoyer ou de recevoir. Ceci est hautement vital pour se connecter avec votre conscience supérieure ou votre esprit. Vous devez entrer dans cet état si vous voulez utiliser la télépathie spirituelle pour recevoir des messages sur le plan spirituel. Ces messages peuvent être des conseils ou des avertissements.

Pourquoi devez-vous atteindre un état d'esprit calme pour recevoir des messages spirituels ? C'est très simple. Imaginez que vous êtes dans une salle bondée et que vous voyez une personne que vous connaissez de l'autre côté de la pièce. Vous lui faites signe et essayez de la saluer, mais cette personne ne vous répond pas. De toute évidence, elle ne peut ni vous voir ni vous entendre, car la pièce est bondée. Maintenant, imaginez que vous êtes dans la même pièce sans personne d'autre que vous et cette personne. Cette personne sera en mesure de vous voir et de vous entendre immédiatement lorsque vous entrerez dans la pièce. C'est ainsi que la télépathie et la méditation fonctionnent. Sans une méditation régulière, il est impossible d'envoyer et de recevoir des messages télépathiques. Vous ne pouvez pas échanger d'informations si votre esprit est chaotique ; le message sera perturbé et vous ne pourrez pas lui donner un sens. Cependant, lorsque l'esprit est calme, cela signifie qu'il se trouve dans l'espace nécessaire pour vous envoyer des messages. Le bavardage mental rend impossible la réception de conseils provenant du plan supérieur.

En pratiquant régulièrement la télépathie mentale avec les personnes de votre entourage, vous vous ouvrirez à la possibilité de la télépathie spirituelle. L'utilisation régulière de votre capacité télépathique signifie que votre esprit restera dans un état constant de calme et de paix. C'est précisément ce dont vous avez besoin pour vous connecter à la conscience collective. La télépathie est un moyen efficace de se connecter à l'esprit et de recevoir des conseils et d'autres informations utiles.

8. Possibilité d'explorer les plans supérieurs

Lorsque vous parvenez enfin à établir une connexion avec l'esprit en pratiquant régulièrement vos compétences psychiques, vous vous ouvrez à la possibilité de visiter et d'explorer les royaumes spirituels. Comme je l'ai précisé, la télépathie exige que vous soyez en harmonie avec votre conscience et la conscience collective de l'univers. Atteindre cet état vous ouvre à plusieurs opportunités auxquelles les autres personnes n'ont pas le privilège d'accéder. Il y a certains endroits que votre corps physique ne peut pas visiter, quoi qu'il arrive. Cependant, votre âme ou votre esprit le peut. Mais avant que votre esprit puisse accéder à ces lieux, vous devez être dans un état vibratoire élevé. Comme cela a été établi, la pratique de la télépathie est utile pour augmenter vos vibrations, ce qui signifie que vous avez plus de chances de vous connecter à votre âme. Avec votre âme, vous pouvez alors explorer les royaumes spirituels et avoir accès à des informations essentielles. Vous pouvez rencontrer des anges, des maîtres, des guides spirituels, etc. Il y a beaucoup à apprendre sur vous-même et sur le cosmos dans son ensemble lorsque vous visitez les royaumes spirituels. Si vous ne faites pas certaines choses que la pratique de la télépathie exige de vous, vous risquez de ne rien obtenir.

9. Amélioration des relations

À quoi ressembleraient vos relations si vous pouviez communiquer de manière efficace et précise, sans aucun problème ? Comment seraient-elles si vous étiez en accord avec vous-même et toujours dans le moment présent ? Comment seraient vos relations si vous pouviez résoudre n'importe quel problème en découvrant directement ce que pense l'autre personne ? Lorsque tout cela est possible, le résultat final est une amélioration des relations. L'une des meilleures façons d'améliorer vos relations avec les gens est de travailler sur vos compétences en intelligence émotionnelle. Il existe des tonnes de livres sur l'intelligence émotionnelle, mais vous n'avez pas vraiment besoin d'eux. L'intelligence émotionnelle est l'une des choses qui viennent avec le fait d'être télépathe. Votre relation avec les gens, les plantes, les animaux et les autres créatures de l'existence s'améliorera considérablement lorsque vous pourrez créer une connexion télépathique avec eux.

10. Transparence

La transparence totale devient réalisable lorsque tout le monde peut utiliser la télépathie. Comme cela a été établi, la télépathie nous permet de nous comprendre les uns les autres dans la capacité la plus extraordinaire qui soit. Il n'y aura pas de limitations ou d'obstructions à la communication lorsque chacun sera en phase avec son moi télépathique. Lorsque cela se produit, cela signifie qu'il y a une transparence totale des pensées, des sentiments et des actions de chacun. Cela peut sembler terrifiant quand on y pense au début. Après tout, qu'est-ce qui pourrait être plus terrifiant que le fait que tout le monde ait accès à l'esprit des autres à volonté ? L'idée que la personne à côté de vous puisse voir chacune de vos pensées est en effet effrayante. Cependant, cette peur s'estompera rapidement lorsque vous réaliserez que la vie sera meilleure si tout le monde n'essaie pas toujours de donner un sens au monde qui l'entoure et aux personnes qui le composent. Une fois que vous aurez compris les véritables raisons pour lesquelles les gens veulent certaines choses — comme l'argent, le pouvoir ou le statut —, vous pourrez peut-être même les aider à guérir de leur obsession pour les choses du monde.

La télépathie présente de nombreux autres avantages qui vous apparaîtront dès que vous aurez commencé à affiner vos compétences et à utiliser ce don.

Comment savoir si vous avez le don de télépathie ? Tout le monde possède ce don de manière latente ou non, mais tout le monde ne sait pas à quoi s'attendre. Le chapitre suivant vous donnera dix signes à observer pour savoir si vous êtes un télépathe doué.

Chapitre 4 : Dix signes qui indiquent que vous avez LE don

Les gens aiment à considérer la télépathie comme un don psychique isolé, distinct de la clairvoyance et des autres capacités. Ce n'est pas la bonne façon d'envisager la télépathie. Pour être un vrai télépathe, vous devez être clairvoyant, clairsentient, claircognitif, etc. De plus, la plupart des gens pensent que la télépathie est une capacité difficile qui ne peut être apprise par une personne moyenne. Encore une fois, c'est faux. Dans une certaine mesure, tout le monde a un certain niveau de compétences psychiques, y compris la télépathie, présentes en soi.

Par exemple, lorsque vous rencontrez des inconnus, vous vous connectez automatiquement à leur énergie en premier lieu. Même lorsque vous n'avez pas rencontré quelqu'un, vos auras peuvent toujours se connecter. C'est pourquoi vous pouvez vous connecter avec quelqu'un avec qui vous n'avez parlé que par téléphone. Nous entrons dans l'aura de l'autre avant même de nous rencontrer physiquement. Vous ne le savez pas encore, mais la télépathie a un rôle à jouer dans la façon dont vous vous connectez aux gens.

Les personnes que vous rencontrez sont des personnes avec lesquelles votre moi intérieur a déjà établi une connexion télépathique, probablement parce que vous partagez le même groupe d'âmes. Avant de rencontrer une nouvelle personne, votre moi intérieur l'a déjà contactée par télépathie. Cela se produit de manière inconsciente, et vous n'en êtes bien sûr pas conscient. Dans une certaine mesure, vous ne devenez ami qu'avec les personnes qui partagent certaines similitudes avec vous. Les similitudes entre vous et vos amis sont transmises et rendues possibles d'abord par votre connexion énergétique ; ensuite, cette connexion établit un lien télépathique par lequel les similitudes sont échangées.

La plupart des gens développent leurs capacités psychiques dans l'enfance. En fait, la plupart du temps, les capacités psychiques sont plus importantes chez les enfants. Durant l'enfance, on est dans un âge d'innocence qui rend plus facile la perception des sensations psychiques. Plus on vieillit, plus cela devient difficile, à moins de s'exercer régulièrement et de rester en phase avec son moi intérieur. Les dons psychiques peuvent être transmis par des amis intimes ou des parents. Directement ou indirectement, un proche peut vous enseigner des compétences psychiques. Parfois, cependant, on cultive des compétences psychiques en réponse à des stimuli de l'environnement. En tant qu'enfant, vous voyez plus, vous ressentez plus et vous entendez plus. Gardez à l'esprit qu'il existe des instincts de base qui vous aident à survivre dans votre environnement. Mais en grandissant, vous devenez moins sensible à votre environnement. Certaines croyances que vous cultivez pendant la période de croissance de l'enfance à l'âge adulte contribuent également à réduire votre connexion avec le monde qui vous entoure. Grâce au conditionnement, vous réprimez inconsciemment vos dons psychiques et vous vous immergez totalement dans le monde physique. Vous pouvez en venir à accepter le monde physique comme le seul domaine de la réalité. La bonne nouvelle est que vos dons psychiques sont seulement réprimés ; ils ne sont pas complètement perdus. De temps en temps, ces dons peuvent se manifester sous vos yeux. Par exemple, vous pouvez ressentir les besoins d'une autre personne avant même qu'elle ne les exprime à voix haute et vous demander ensuite comment vous avez pu le savoir.

Il n'y a pas de manière définitive dont les capacités télépathiques se manifestent chez les gens. Mais il y a des façons communes. D'abord, certaines personnes sont tout simplement nées clairsentientes. Les gens comme ça ont juste la capacité claire de savoir toutes les choses. Ils savent des choses même quand ils ne le veulent pas. D'autres sont nées avec un sens clair de la vision ; ces personnes sont appelées clairvoyantes. Elles sont capables de voir les esprits et les êtres d'un autre monde grâce à leurs capacités. Lorsque vous naissez en tant que clairvoyant ou clairsentient, vous êtes plus enclin à avoir le don de télépathie. Certains ont également le don de clairaudience, la capacité de percevoir des stimuli au-delà du sens de l'ouïe. Un clairaudient peut « entendre » des choses sans nécessairement utiliser ses oreilles. Un point commun à ces capacités psychiques est l'utilisation des sens au-delà des sens physiques que nous connaissons tous. C'est essentiellement la base de la télépathie, qui permet de communiquer sans l'aide des cinq sens. Le fait est qu'avoir l'un de ces dons vous rend enclin au don de télépathie. Dans certains cas, lorsque ce don a été réprimé, un événement qui change la vie peut réveiller cette partie de vous. Une fois que cela se produit, vous devenez ouvert à l'exploration de votre don.

Votre don peut se manifester de plusieurs façons. Il se peut même que vous ayez déjà utilisé la télépathie mentale et que vous vous soyez demandé comment cela était possible. Heureusement, il existe des moyens de savoir si vous avez des dons télépathiques ou psychiques. Vous trouverez ci-dessous dix des moyens les plus courants de savoir si vous avez le don de télépathie. Certains d'entre eux sont accompagnés d'exemples pour vous aider à mieux comprendre et à voir si vous avez déjà été dans une situation similaire.

1. Votre intuition est très forte

Tout le monde ressent des intuitions, c'est-à-dire la capacité de sentir ou de ressentir quelque chose à propos d'une personne ou d'une situation. Ce que vous ressentez peut être bon ou mauvais, selon la personne ou la situation. Supposons que votre instinct soit souvent exact à propos d'une personne, d'un événement ou de quoi que ce soit. Dans ce cas, cela signifie que vous avez des intuitions puissantes. Cela signifie également que vous pouvez faire preuve télépathie et/ou d'autres capacités psychiques. En tant que télépathe, votre instinct est très différent de celui d'une personne ordinaire. L'attraction est généralement plus importante. En tant que télépathe, vous êtes plus sensible aux perceptions et aux sensations qui vous entourent. Cela explique comment un télépathe peut savoir qu'un être cher se trouvant dans un autre endroit est en danger ou quelque chose de similaire. Votre attraction psychique est plus vigoureuse et plus claire que celle de la plupart des gens. Si vous avez déjà eu l'impression d'être tiré vers une direction spécifique, tout en sachant clairement que cela se produisait, vous êtes peut-être télépathe. De plus, les gens ordinaires n'ont des sentiments instinctifs que de manière aléatoire et occasionnelle. Être télépathe signifie que votre moi instinctif est toujours en alerte. La télépathie instinctive est comme une chose normale pour vous quand vous avez le don. Maintenant, lorsque vous commencez à explorer votre don psychique, vous vous ouvrez à d'autres types de télépathie, comme la télépathie spirituelle ou la télépathie animale. Voici un exemple de la façon dont ce signe de télépathie peut se manifester.

Exemple : votre meilleur ami vient de rencontrer une nouvelle personne qu'il semble vouloir fréquenter. Bien sûr, vous devez rencontrer cette personne ; votre meilleur ami choisit donc une date à laquelle vous pourrez faire connaissance avec elle. Le jour J, vous êtes sur le lieu de la rencontre et votre ami arrive avec sa nouvelle partenaire. Vous éprouvez immédiatement un sentiment étrange à l'égard de cette nouvelle personne. Vous ne savez pas ce que c'est, mais vous avez l'impression que vous ne pouvez pas lui faire confiance. Vous ne voulez pas contrarier votre ami, alors vous décidez de garder votre sentiment pour vous. Finalement, votre ami découvre que sa nouvelle partenaire n'est pas celle qu'elle prétendait être. Votre intuition à son sujet s'est avérée exacte.

2. Vous prédisez avec précision des choses qui ne se sont pas encore produites.

C'est une chose d'avoir une forte intuition sur une personne ou une situation, mais prédire l'avenir est totalement différent. Si vous pouvez prédire des choses avant qu'elles ne se produisent, vous avez des dons psychiques puissants et vous pourriez bien être télépathe.

Prédire l'avenir est l'un des signes les plus marquants chez les personnes ayant un don psychique. De plus, si les choses que vous prédisez s'avèrent exactes la plupart du temps, il devient encore plus évident que vous avez ce don. Dans ce contexte, prédire l'avenir ne signifie pas nécessairement que vous devez faire une narration détaillée, scène par scène, d'un événement à venir. Ce n'est pas nécessaire ; les petites occurrences et prédictions comptent aussi.

Exemple : la journée est claire et limpide. Le soleil brille de tous ses feux et il n'y a pas de nuages. Pourtant, vous avez le sentiment qu'il va bientôt pleuvoir. Votre mère s'apprête à quitter la maison. Vous vous tournez vers elle et lui dites de prendre un parapluie avec elle ; elle se moque de vous et dit que le ciel est trop clair pour qu'il pleuve. Vous lui répondez en souriant et vous vous dites : « Elle a probablement raison. » Votre mère quitte la maison et vous vous retirez dans votre chambre pour faire vos devoirs. Pas plus de trente minutes plus tard, les nuages s'assombrissent et le soleil disparaît de la vue. Les nuages s'amoncellent, il commence à bruiner et, avant que vous ne vous en rendiez compte, la pluie commence à frapper fort. Cela peut sembler sortir d'un film surnaturel. Pourtant, si quelque chose comme ça vous arrive, vous avez peut-être des capacités psychiques auxquelles vous devez prêter plus d'attention.

3. Vos rêves sont vifs

Avez-vous déjà fait un rêve où tout semblait si réel que le songe n'a pas disparu pendant des jours ? Ce type de rêve est appelé « rêve lucide ». Si vous connaissez un peu les rêves lucides, vous savez probablement qu'ils ont toujours été liés aux dons psychiques. Il est plus facile de se rendre sur le plan spirituel lorsque l'on fait un rêve lucide. Lorsque l'on est dans l'état de sommeil, il y a peu ou pas de résistance. Cela signifie que votre esprit ne peut pas interférer avec ce qui vient à vous dans votre rêve. Le monde du rêve est le meilleur endroit pour recevoir des coups intuitifs. Plus vous vous ouvrez, plus il vous est facile d'atteindre des lieux de conscience supérieure, tels que l'état de rêve lucide. Le rêve dans ce contexte ne se réfère pas seulement au moment où vous dormez la nuit. Vous pouvez également faire des rêves éveillés. Si vous avez régulièrement des rêves lucides, vous pouvez avoir de forts pouvoirs psychiques qui ne demandent qu'à être débloqués. Prêtez attention à vos rêves.

Exemple : vous regardez la télévision dans votre salon. Un film est en train de passer, mais vous sentez que vous commencez à vous endormir. Vous luttez pour garder les yeux ouverts, mais avant même de vous en rendre compte, vous êtes loin dans le pays des rêves. Pendant que vous êtes au pays des rêves, vous rêvez d'un ami du lycée. Vous n'avez pas vu cet ami depuis longtemps. Bientôt, vous vous réveillez et vous vous souvenez de votre rêve. Vous trouvez amusant de rêver de cette personne, même si vous ne l'avez pas vue depuis longtemps. Pendant tout le reste de la journée, vous n'avez pas été capable de la chasser de votre esprit. Vous vous demandez pourquoi, mais vous n'y prêtez pas attention. Le lendemain, vous croisez cette personne sur le chemin du travail.

4. Vous êtes très réceptif aux signaux sensoriels

C'est une chose courante chez les personnes qui ont un don psychique. Ainsi, si vous êtes télépathe, vous pouvez constater que vous êtes très réceptif aux stimuli. Les télépathes ont généralement une perception extrasensorielle. Cela signifie que leurs sens sont très aiguisés par rapport à ceux d'une personne moyenne. Passer par un éveil télépathique augmente vos sens, surtout votre sens de l'ouïe.

Lorsque vous commencez à voir des couleurs de lumière juste en dehors de votre vision périphérique, vous êtes peut-être en train de vivre un éveil. Si vous êtes très réceptif à l'apport sensoriel, vous pourriez découvrir que vous pouvez sentir les pensées et les sentiments des autres avant même qu'ils ne les expriment. Par exemple, vous pouvez vous surprendre à compléter les phrases des autres à leur place, et pas seulement de temps en temps ; cela arrive à chaque fois. Et cela ne se produit pas seulement avec les personnes que vous connaissez ; cela se produit avec différents individus. Ce phénomène est associé à la télépathie en tant que don psychique.

5. Vous êtes très empathique

Ce signe est lié au précédent, mais d'une manière différente. L'empathie est la capacité de se mettre à la place d'une autre personne. Les télépathes peuvent le faire grâce à leur capacité à ressentir les pensées et les sentiments des gens. Lorsque vous pouvez découvrir les raisons qui se cachent derrière les pensées et les émotions d'une personne, il est beaucoup plus facile de faire preuve d'empathie à son égard. Si vous êtes du genre à ressentir fortement les émotions des autres, même s'ils ne sont pas près de vous, vous êtes très probablement un télépathe. Le fait d'être très empathique est une indication de votre hyperconscience.

6. Vous ressentez régulièrement des sensations différentes

Si vous ressentez souvent des picotements dans la zone située entre vos sourcils, c'est un autre signe que vous pourriez être télépathe. La zone entre les sourcils est le siège du chakra du troisième œil. Le chakra du troisième œil joue un rôle essentiel dans la capacité télépathique. En fait, sans le troisième œil, beaucoup de capacités psychiques seraient tout simplement impossibles. Vous ne pouvez pas voir au-delà de votre vision physique sans le troisième œil. Le troisième œil permet de voir et de sentir des choses que les yeux physiques ne peuvent pas voir. La zone du troisième œil commence généralement à picoter plus fréquemment lorsque le chakra du troisième œil s'ouvre ou lorsque vous recevez des signaux énergétiques spécifiques. Les picotements peuvent être plus fréquents pendant la phase d'ouverture et de développement de votre chakra. En général, ils sont inoffensifs et disparaissent après un certain temps. Portez votre attention sur la zone du troisième œil et surveillez les picotements ou toute autre sensation similaire. Une simple séance de méditation peut vous aider à calmer la sensation lorsqu'elle se manifeste.

7. Vous ressentez une connexion plus forte avec le monde des esprits

Être télépathe vous permet de développer un lien avec les royaumes spirituels. Par conséquent, vous pouvez ressentir la présence d'esprits dans le monde physique plus rapidement que les autres. Votre lien avec le monde spirituel augmente au fur et à mesure que vous prenez conscience de votre don, alors ne soyez pas surpris. Vous constaterez peut-être que vous pouvez vous connecter au monde des esprits pour interagir avec vos proches ou les proches d'autres personnes. Il n'est pas rare que les personnes ayant des dons de télépathie deviennent des médiums. Cela semble être une progression naturelle lorsque l'éveil se produit.

8. Vous vous sentez attiré par la spiritualité

De nombreux spirites ne commencent pas seulement par s'intéresser au spiritisme ou aux capacités psychiques. Le plus souvent, ils se tournent vers le spiritisme lorsqu'ils deviennent plus conscients de leurs dons.

Si vous lisez ce livre en ce moment, c'est probablement parce que vous pensez être un télépathe, et vous l'êtes probablement. Une chose à propos de l'éveil télépathique est qu'il pousse généralement les gens vers l'apprentissage. Si vous êtes télépathe, vous ressentez sans doute le besoin d'en savoir plus sur ce don. Lorsque votre éveil se produit et que vous commencez à vous débarrasser de votre vieille peau, votre désir de devenir plus développé spirituellement surgit. Cela vous pousse à travailler davantage sur la transformation, la croissance et l'évolution spirituelles.

9. Vous recevez des coups de pouce intuitifs régulièrement

Les coups de pouce intuitifs peuvent venir de différentes manières. Vous êtes peut-être du genre à recevoir des visions à travers votre troisième œil, ou peut-être sentez-vous simplement que quelque chose est sur le point de se produire. Quoi qu'il en soit, les deux sont des signes de fortes capacités intuitives. Selon qui vous êtes, vous pouvez trouver cela effrayant ou excitant. Heureusement, vous pouvez prendre des mesures pour minimiser le rythme auquel vous recevez des coups s'ils vous effraient. Cependant, en agissant ainsi, vous vous empêchez de vivre un éveil télépathique complet. Vous devriez embrasser vos capacités et les utiliser pour aider les autres.

10. Vous avez des maux de tête plus fréquemment

Les maux de tête sont affreux, mais vous ne pouvez pas les éviter lorsque vous traversez un éveil télépathique. Ces maux de tête sont causés par l'ouverture de votre chakra du troisième œil et l'afflux d'énergie qui en résulte. La meilleure façon de contrôler ces maux de tête est de tremper vos pieds dans de l'eau, de préférence de l'eau tiède. L'énergie que vous recevez sera ainsi mise à la terre, ce qui signifie qu'elle sera transportée loin de votre tête. Pensez à ajouter du sel d'Epsom à l'eau, car cela la rendra plus relaxante pour vous.

La première fois que vous expérimentez votre don de télépathie, il se peut que vous vous sentiez étrange et peu familier. Mais cela ne doit pas être une raison pour vous inquiéter. Les sentiments que vous ressentez lors de votre éveil sont tout à fait normaux ; tous les télépathes en font l'expérience. Vous ne devez pas être effrayé. En fait, vous devriez être enthousiaste, car vous avez maintenant une fenêtre de croissance et d'évolution spirituelle. Donc, soyez excité par ce nouveau voyage. Assurez-vous de devenir plus conscient de vous-même et de votre environnement. Si l'un des points abordés ci-dessus vous semble familier, la prochaine étape consiste à entretenir votre don télépathique.

Chapitre 5 : Améliorez vos niveaux d'énergie spirituelle

Pour commencer à débloquer votre don télépathique, vous devez d'abord comprendre avec quels sens psychiques vous travaillez. En tant que débutant dans la pratique de la télépathie, vous ne pouvez pas naviguer efficacement dans le monde psychique à moins de maîtriser tous les sens psychiques et de découvrir ceux avec lesquels vous êtes le plus en phase. C'est comme lorsque vous êtes un nourrisson et que vous commencez à connaître le monde ; vous devez d'abord maîtriser vos cinq sens physiques.

Tant que vous n'êtes pas familiarisé avec tous les sens psychiques, il se peut que vous ne puissiez pas relier les expériences que vous avez vécues à un quelconque concept psychique. Lorsque vous n'êtes pas conscient de ce avec quoi vous travaillez, vous ne pouvez tout simplement pas trouver le ou les bons termes pour définir vos expériences. Mais une fois que vous avez appris ces choses, vos expériences deviennent définissables et réelles pour vous d'une manière qui s'aligne avec vos capacités. Apprendre et maîtriser les sens psychiques peut vous donner du pouvoir, surtout si vous êtes un nouveau médium qui commence à se familiariser avec le monde psychique.

Plus important encore : vous avez besoin de connaissances pour déterminer où vous vous situez dans le spectre des sens psychiques. En apprenant, vous comprenez ce qui est naturel pour vous et ce que vous devez améliorer et renforcer. La connaissance des sens psychiques réduira le détachement apparent du monde des esprits par rapport au monde « réel ». Elle pourra également faire en sorte que les dons psychiques vous paraissent moins mystérieux.

Je vous présente donc les sens « Clairs ».

J'ai mentionné des choses comme la clairvoyance, la clairsentience, la clairaudience, etc. dans les chapitres précédents. J'ai aussi parlé de leur importance pour développer vos capacités en tant que télépathe. Ces trois éléments font partie de ce qui constitue vos sens psychiques. Les sens psychiques sont aussi appelés les Clairs, les « parasens », les « métasens » ou les « sens de l'âme ». Dans votre corps physique humain, vous utilisez vos yeux pour voir, votre nez pour sentir, votre peau pour sentir, votre langue pour goûter et vos oreilles pour entendre. Cependant, lorsqu'il s'agit des sens Clairs, vous pouvez expérimenter toutes ces sensations, mais pas à travers vos sens physiques. Cela signifie que vous pouvez voir sans utiliser vos yeux humains. Vous avez plus de sens psychiques que de sens physiques. Cependant, le fait de rattacher les sens psychiques à vos cinq sens ordinaires vous permet de mieux comprendre. Après tout, les sens psychiques remplissent également les fonctions de vos sens physiques. La seule différence est que ces sens vous permettent de ressentir des choses qui sont au-delà du monde physique.

Une chose que partagent tous les sens psychiques est qu'ils commencent tous par « clair- ». En fait, lorsque vous voyez « clair- » devant l'un des sens psychiques, cela signifie que ce sens est amplifié et rendu plus clair. Naturellement, nous avons tous les sens psychiques.

Mais selon les experts, nous sommes dominants dans au moins un ou deux de ces sens. Cela signifie que, même si vous avez tous les sens Clairs, certains sont plus importants pour vous que d'autres. Vous pouvez être capable d'utiliser un sens Clair naturellement et sans efforts, ce qui signifie que c'est votre sens psychique dominant. Cependant, vous aurez besoin d'entraînement pour développer et aiguiser tous les autres sens. De plus, vous pouvez contrôler le moment où vous utilisez ces sens. Après tout, si vous êtes clairvoyant, vous ne voulez pas commencer à voir des esprits partout où vous allez sans pouvoir les faire disparaître.

Naturellement, l'un de vos objectifs devrait être d'apprendre à contrôler le moment où vous exploitez vos sens psychiques. Vous trouverez ci-dessous les sens psychiques Clairs pour vous aider à déterminer lequel est votre sens dominant. Vous devriez être en mesure de le dire à partir de la définition des termes et des traits qui viennent avec chaque sens.

Clairvoyance

Clairvoyance signifie simplement « voir clair ». Il s'agit du sens psychique qui vous permet de voir l'énergie. Fondamentalement, la clairvoyance est la vision psychique.

Les clairvoyants, grâce à leur troisième œil, peuvent voir des choses qui sortent de l'ordinaire, des choses que les yeux humains moyens ne peuvent pas voir. Ils ont également des visions. La voyance est l'un des sens les plus populaires. Même si vous n'avez jamais touché à quoi que ce soit de psychique, il y a de fortes chances que vous ayez déjà entendu ce mot. En utilisant votre sens de la clairvoyance, vous pouvez voir au-delà du temps et de l'espace. Cela signifie que vous pouvez voir le monde astral, les esprits, l'avenir et bien d'autres choses que vos yeux humains ne peuvent tout simplement pas voir. La clairvoyance a tendance à être le sens dominant chez les personnes très visuelles. Être visuel signifie mieux comprendre les concepts et les idées lorsqu'ils sont présentés sous une forme qui nécessite l'utilisation des yeux, comme un écrit, une image ou même un dessin.

La clairvoyance est le sixième sens intuitif dont vous avez probablement déjà entendu parler. Ce sens fonctionne avec l'œil de votre esprit, qui est aussi votre troisième œil ou votre œil spirituel. Les personnes dont la clairvoyance est le sens dominant peuvent voir l'énergie sous différentes formes, notamment la lumière, les couleurs, les images, les photos et les mouvements. Souvent, lorsque certaines personnes entendent le mot « psychique », la seule chose qui leur vient à l'esprit est la clairvoyance. Cependant, il existe une légère différence entre les deux. La clairvoyance n'est pas la seule chose qu'il faut pour être médium. Lorsque quelqu'un dit qu'il est médium, cela ne signifie pas automatiquement qu'il est clairvoyant ; il peut être clairsentient ou claircognizant. Le terme « médium » est un terme large, et la clairvoyance en fait partie. Souvent, les clairvoyants reçoivent leurs messages spirituels sous la forme d'un écran qui contient des symboles et des images. Il peut aussi s'agir de la silhouette visuelle d'une personne présentant des traits spécifiques. Il peut également s'agir d'un avertissement sur quelque chose qui va se produire dans le futur. Vous pouvez reconnaître ses caractéristiques individuelles uniques lorsque vous voyez une personne, car elles apparaissent visuellement. Vous pouvez également être en mesure de voir quelque chose qui se produira dans le futur. Le fait que le message apparaisse sur un écran ou non n'a pas d'importance. Tant que vous recevez vos messages sous forme de visuels, votre sens psychique dominant est la clairvoyance. Les médiums qui ont des visions et reçoivent des messages des mondes spirituels sont généralement des télépathes spirituels. Ils peuvent communiquer avec le monde des esprits à travers les yeux de leur esprit.

En tant que télépathe, si votre sens psychique dominant est la clairvoyance, cela signifie que vous serez très doué pour l'impression mentale, qui est la capacité d'implanter télépathiquement des informations visuelles dans l'esprit des gens.

Clairsentience

Clairsentience signifie littéralement « sentiment clair ». Il s'agit de la capacité psychique de ressentir l'énergie. Si vous êtes le type de personne qui entre dans une pièce et est immédiatement bombardée par les différentes énergies de la pièce, car vous pouvez simplement les sentir, alors vous êtes clairsentient. Si vous pouvez sentir ce qu'une autre personne pense ou ressent, c'est un autre signe possible. Les clairsentients sont des personnes très sensibles, car ils « ressentent » l'énergie au lieu de la voir ou de l'entendre. Vous pouvez également désigner la clairsentience par le terme « intuition ». Lorsque vous rencontrez une nouvelle personne et que vous vous sentez immédiatement à l'aise avec elle, votre sens de la clairsentience est à l'œuvre ; lorsque vous rencontrez quelqu'un et qu'il vous « semble » étranger, c'est aussi votre sens de la clairsentience.

Un clairsentient est une personne qui a la capacité de ressentir ce qui est caché aux sens physiques. En tant que personne dont le sens psychique dominant est la clairsentience, vous pouvez ressentir les émotions positives et négatives des personnes et des esprits, ainsi que de tout ce qui est traversé par de l'énergie dans le cosmos. Tout dans le monde est composé d'énergie. La plupart des gens ne peuvent pas voir l'énergie, mais elle rayonne autour de chacun d'entre nous à tout moment. Lorsque vous « ressentez » une certaine façon de voir un autre individu, c'est son énergie que vous percevez. Tout comme les clairvoyants peuvent voir l'énergie, les clairsentients peuvent la ressentir. Être clairsentient signifie que vous pouvez ressentir l'énergie avec précision. En d'autres termes, vous pouvez déchiffrer avec précision ce que vous ressentez chez une autre personne. Tout le monde est né pour ressentir l'énergie, mais tout le monde n'a pas la clairsentience comme sens psychique dominant. Une chose intrigante à propos de la clairsentience est que vous ne ressentez pas seulement ce qui se passe dans le présent ; vous pouvez également ressentir les états émotionnels passés et futurs des autres. Cela signifie que vous pouvez être capable de pressentir leur avenir. Comme tous les autres sens psychiques, la clairsentience est également associée au sixième sens, votre sens de l'intuition.

Les clairsentients sont affectés par différentes influences. Cependant, tout se résume à une question de sensibilité. Ils sont très sensibles aux changements d'énergie qui les entourent, aussi subtils soient-ils. Avoir la clairsentience comme sens dominant signifie que vous pouvez ressentir l'énergie intérieure et extérieure d'une manière que les autres ne peuvent pas, même s'ils ont aussi ce sens. L'énergie que vous ressentez va des sentiments aux objets spirituels, aux perceptions et à l'avenir. Si vous êtes clairsentient, vous pouvez être capable de communiquer par télépathie à travers les sentiments. Par exemple, les télépathes clairsentients ont tendance à sentir quand quelqu'un est en danger, quelle que soit la distance qui les sépare.

Remarque : les clairsentients sont souvent confondus avec les empathes, mais il existe une légère différence entre les deux. Les empathes sont des personnes qui sont très sensibles aux sentiments et aux émotions des autres. Les clairsentients ont tendance à être des empathes car ils sont également sensibles aux sentiments. Cependant, les clairsentients sont différents car ils ressentent l'énergie dans tout l'univers, et pas seulement dans leur environnement.

Claircognizance

La claircognition est la connaissance claire. C'est le sens psychique dominant chez les personnes qui apprennent à connaître les gens, les événements et d'autres choses par voie psychique. Les claircognizants savent tout simplement les choses. Si vous vous êtes déjà demandé comment vous pouviez savoir des choses sur les autres sans raison, vous êtes claircognizant. La connaissance vient des esprits, mais vous ne pouvez pas le savoir si vous n'êtes pas porté sur la spiritualité. Vous passez simplement votre temps à vous demander comment vous savez ce genre de choses.

La claircognition est un sens psychique impressionnant, car les choses tombent littéralement de nulle part dans votre esprit. Vous n'avez aucune explication pratique pour savoir d'où viennent ces choses et pourquoi elles viennent à vous spécifiquement.

Disons que vous rentrez chez vous après le travail. Vous avez une route habituelle que vous empruntez tous les jours ; il existe une autre route, mais vous ne l'utilisez jamais. Ce jour de chance, sans raison, vous décidez de suivre l'itinéraire que vous n'utilisez jamais. Même votre collègue est surpris, et il essaie de vous convaincre de suivre simplement la route habituelle que vous empruntez toujours. Mais quelque chose vous dit de suivre la deuxième route, et c'est parti. Le deuxième itinéraire est plus long que le premier, ce qui vous fait arriver chez vous cinq minutes plus tard que d'habitude. En arrivant chez vous, vous vous installez sur le canapé et allumez la télévision. Qu'est-ce que vous trouvez à la télé ? Un bulletin d'informations sur un accident qui a eu lieu sur votre trajet habituel. Les gens sont coincés dans les embouteillages, et il ne semble pas que ça puisse se dégager de sitôt. Étonné, vous gloussez et remerciez votre chance de vous avoir aidé.

En fait, il s'agit moins de votre chance que de votre sens de la cognition. Même si vous ne le réalisez pas consciemment, votre guide spirituel a déposé dans votre esprit des informations sur cet accident. C'est pourquoi vous avez décidé de quitter votre route habituelle pour la seconde.
Si les gens viennent toujours vous voir lorsqu'ils ont un problème, cela peut signifier que vous êtes clairvoyant. Les gens viennent vous voir parce qu'ils croient que vous

« connaissez » la solution. En tant que personne claircognaissante, vous avez le don de distinguer immédiatement une fausse personne d'une vraie. Vous n'avez même pas besoin de ressentir quelque chose à son sujet ; vous le savez tout simplement. Comment savoir si la claircognition est votre sens psychique dominant ? C'est facile : prêtez attention et voyez si des informations apparaissent dans votre tête de façon inattendue. Voyez aussi comment vous vous sentez par rapport aux informations que vous recevez. Si elles vous paraissent vraies et réelles, il se peut que vous soyez claircognitif.

La différence significative entre les clairvoyants et les claircognizants est qu'alors que les clairvoyants *voient* des choses, les claircognizants *savent* des choses. Ils n'ont pas besoin de voir quelque chose avant de le savoir.
La claircognition est l'un des sens psychiques essentiels dont vous avez besoin pour utiliser votre don de télépathie.

Clairaudience

La clairaudience est le quatrième sens psychique, et se traduit littéralement par « l'audition claire ». C'est un sens que vous devez vraiment développer si vous voulez utiliser vos capacités télépathiques. Peu importe que ce soit votre sens psychique dominant ou non.

Si vous êtes clairaudient, cela signifie que vous pouvez entendre des choses au-delà de la portée physique ou normale.
Vous recevez intuitivement des informations et des conseils des esprits et d'autres êtres en dehors du monde matériel par le biais de l'ouïe. Cela ne signifie pas pour

autant que vous entendez uniquement les choses qui se passent dans les domaines spirituels. Cela signifie que vous pouvez entendre des choses que les cinq sens ordinaires ne peuvent pas percevoir. Par exemple, vous pouvez entendre les pensées d'une autre personne aussi clairement que si elle parlait à voix haute. Si vous n'avez pas de conscience psychique, vous pouvez même avoir l'impression de devenir fou. L'idée même de cette situation peut être effrayante, c'est pourquoi il est utile d'avoir une conscience psychique.

Si vous êtes clairaudient, l'information vous parviendra de différentes manières. Tout d'abord, elles peuvent prendre la forme de sons inintelligibles. Ces sons peuvent être des noms, des phrases, des mots et même des paroles de musique. Lorsque votre sens clairaudient s'éveille, vous éprouvez toute une gamme de sensations allant du tintement ou du bourdonnement dans vos oreilles à la pression sur vos oreilles. Finalement, vous pouvez commencer à entendre des voix dans votre tête. Naturellement, les voix que vous entendrez seront différentes de celles que vous entendez habituellement. Vous aurez peut-être l'impression qu'une autre personne parle directement dans votre tête, à côté de vous. Ou bien, elle pourra ressembler à un écho provenant d'un autre plan dimensionnel. Ne soyez pas surpris si la voix ressemble aussi à celle d'un être cher qui n'est plus avec vous sur Terre.

De nombreuses personnes sont nées clairaudientes, ce qui signifie que la clairaudience est généralement leur capacité psychique dominante. Cependant, même si vous n'êtes pas né clairaudient, vous pouvez acquérir cette compétence par la pratique et la constance. Notez que les messages clairaudients peuvent être reçus de quatre manières différentes.

La première façon est par votre propre voix. Cette forme de message est subtile, et vous pouvez sembler avoir un dialogue dans votre esprit. Mais en réalité, la voix que vous entendez est celle de votre guide spirituel ou de tout autre esprit. Elle est différente de la guidance intérieure que vous recevez lorsque vous êtes en accord avec votre moi supérieur. Vous devez apprendre à faire la différence entre les conseils intérieurs et la voix de la clairaudience.

La deuxième façon de recevoir des messages clairaudients est par le biais des voix des esprits. Rappelez-vous que ce sont toutes des formes de communication télépathique. Si vous ne recevez pas de messages télépathiques par votre propre voix, vous pouvez en recevoir par les voix des esprits. Celles-ci ressemblent généralement aux voix d'êtres chers et de connaissances décédés. Vous les entendrez exactement comme elles étaient lorsqu'elles étaient présentes avec vous sur Terre. Les sons sont un autre moyen de recevoir des messages clairaudients. Par exemple, vous pouvez entendre votre nom lorsque vous êtes seul. Vous pouvez également entendre des bruits, des chuchotements, des conversations ou le son de la radio. La chose essentielle à noter ici est que le son que vous entendez doit avoir un sens pour vous. Si vous ne pouvez pas trouver physiquement la source du bruit, le message peut être généré par un esprit à proximité. Enfin, les messages clairaudients sont parfois des avertissements. En cas de détresse, il se peut que vous entendiez un message à haute voix, même si personne autour de vous n'a dit quoi que ce soit. Il peut s'agir d'une sonnerie ou d'un cri. Soyez attentif à ce genre de choses.

Outre ces quatre sens, qui sont considérés comme les sens psychiques primaires, il existe deux autres sens auxquels vous devriez prêter attention.

La clairolfaction

La clairolfaction est un sens de l'odorat clair. C'est lorsque vous pouvez sentir des odeurs qui n'ont pas de présence physique. Par exemple, lorsque quelqu'un est près de vous, l'une des choses que vous sentez de lui peut être l'odeur de son parfum. Cependant, si vous avez le don de clairolfaction, vous serez capable de sentir son parfum même s'il n'est pas présent. Vous serez également capable de le sentir lorsqu'aucune de ses possessions, comme des vêtements, ne se trouve à vos côtés. Lorsque vous sentez le parfum d'une personne que vous connaissez en son absence, cela signifie que son énergie est réellement présente autour de vous. Ce que vous sentez provient de l'énergie présente dans votre environnement.

Si votre capacité psychique dominante est la clairolfaction, votre sens de l'odorat peut être impérieux et accablant. Un sens de l'odorat fort et puissant peut vous connecter à des événements ou des souvenirs passés ou futurs. Généralement, l'odeur ou le parfum que vous sentez provient du monde des esprits. Elle suggère que l'esprit essaie de communiquer avec vous. L'odeur peut être liée à l'esprit. Par exemple, vous pouvez sentir le tabac préféré d'une personne lorsqu'elle était vivante. Ou, comme je l'ai déjà dit, il peut s'agir de son parfum.

Bien que la clairolfaction ne soit pas un sens indispensable pour être télépathe, elle peut être très utile.

Clairgustance

La clairgustance est un sens du goût clair. Il s'agit de la capacité de goûter des choses qui ne sont pas vraiment dans le monde physique avec vous. Les esprits peuvent transmettre des messages sous forme de saveurs. Habituellement, la saveur est quelque chose qu'ils ont aimé lorsqu'ils étaient vivants dans le monde physique. Votre sens de la clairgustance peut vous surprendre, car l'expérience qui l'accompagne est généralement soudaine et inattendue. Parfois, elle survient lorsqu'un parent décédé tente de déclencher le souvenir d'un événement ou de toute autre chose associée à un aliment ou une saveur spécifique qui était autrefois son plat préféré. Il peut aussi s'agir de votre plat préféré qu'ils avaient l'habitude de préparer pour vous. Il fut un temps où j'avais tout simplement le goût de la banane dans la bouche, même si je n'en avais pas mangé depuis longtemps. Vous avez peut-être déjà vécu cette expérience, car elle est assez courante.

Maintenant que vous connaissez les six sens psychiques, l'étape suivante est d'identifier votre sens psychique dominant pour apprendre comment cela vous aidera dans votre éveil télépathique. Habituellement, le sens psychique dominant de la plupart des gens est soit la clairvoyance, la clairsentience, la claircognizance, ou la clairaudience. La clairolfaction et la clairgustance ont tendance à être des sens psychiques complémentaires. L'exercice simple ci-dessous vous aidera à reconnaître votre sens psychique dominant.

Asseyez-vous dans une pièce confortable, sans distractions. Commencez à balayer la pièce en long et en large. Veillez à prêter attention à tous les détails de la pièce, même s'ils vous semblent insignifiants. Plus important encore : notez les sons, les images et les odeurs de la pièce.

Maintenant, fermez doucement les yeux. Concentrez-vous sur l'inspiration et l'expiration de votre respiration. Respirez lentement et profondément en essayant de passer en revue les choses que vous avez remarquées en scrutant la pièce. Quelque chose, en particulier, vous a-t-il frappé par son apparence ? Est-ce le son de quelque chose qui vous a frappé ? Un sentiment fort a-t-il été enregistré dans votre ventre pendant que vous balayiez la pièce du regard ? Faites attention à ce que vous ressentez par rapport aux énergies présentes dans l'espace.

Ce petit exercice s'appelle une analyse de l'environnement. Il peut vous aider à déterminer lequel des sens Clairs dont nous venons de parler est votre sens psychique dominant. Vous ne devriez pas pratiquer cet exercice dans un seul endroit. Assurez-vous de le faire dans différents endroits, du parc au bar en passant par votre lieu de travail et même le métro. Plus vous serez conscient de votre environnement immédiat, plus il vous sera facile de remarquer les changements d'énergie autour de vous. Vous serez également en mesure de savoir si vous voyez, sentez, entendez ou savez simplement qu'il y a eu un changement dans l'énergie qui vous entoure. En poursuivant votre lecture, vous apprendrez à débloquer votre compétence psychique dominante pour les pratiques de télépathie.

Chapitre 6 : Utilisez la méditation pour vous ouvrir

L'une des choses qui ont été clairement établies dès le début de ce livre est que la télépathie ne peut pas se produire dans un esprit chaotique. Après tout, comment êtes-vous censé envoyer ou recevoir des messages télépathiques si votre esprit est dans un état constant de bavardages et de bruit ? Les messages télépathiques ne peuvent être reçus que si vous avez entraîné votre esprit à rester toujours dans un état de calme et de tranquillité, où que vous soyez et quoi que vous fassiez. L'utilisation de vos compétences psychiques exige que vous soyez présent dans le moment présent. Sans être présent, vous ne pouvez pas remarquer ou observer les changements d'énergie autour de vous. La pleine conscience est un élément essentiel de l'utilisation de vos dons psychiques. Comme vous devriez déjà le savoir, la méditation est l'outil numéro un pour calmer l'esprit. Que vous souhaitiez apprendre à voir l'énergie, à lire l'énergie ou à communiquer avec les royaumes spirituels, vous ne pourrez y parvenir que si la méditation fait partie intégrante de votre routine. Pour éveiller vos sens psychiques et la partie spirituelle de vous-même, vous devez comprendre le pouvoir de la méditation. La première étape pour utiliser vos sens psychiques est de vous mettre en phase avec votre moi intérieur.

Communiquer avec votre moi intérieur ou votre moi supérieur est la première pratique à avoir pour développer sa télépathie. Plus vous êtes en accord avec vous-même, plus vos sens psychiques s'ouvrent, et plus votre don de télépathie devient clair pour vous. C'est pourquoi la méditation est un élément essentiel des étapes nécessaires à l'éveil de vos pouvoirs endormis.

Il existe différents types de méditation. Toutefois, vous n'en avez besoin que de deux pour ouvrir vos sens psychiques.

La première est la méditation spirituelle, que vous pouvez également appeler méditation transcendantale. La seconde est la méditation des chakras. Si vous vous en souvenez, j'ai dit que les chakras sont le système énergétique de votre corps. Le chakra du troisième œil, qui est le sixième sens lié à toutes les capacités psychiques, fait partie du système des chakras. Si les chakras ne sont pas équilibrés, alignés et en bonne santé, il est impossible d'utiliser vos sens psychiques ou votre don de télépathie. Même si le chakra du troisième œil est en excellent état, d'autres chakras peuvent encore affecter votre capacité à envoyer et recevoir des messages télépathiques. C'est précisément la raison pour laquelle vous devez apprendre à utiliser la méditation des chakras pour maintenir vos chakras ouverts au flux d'énergie vitale à tout moment. Si l'énergie ne circule pas dans vos chakras comme elle le devrait, votre corps physique sera dans un état d'agitation et de maladie.

La méditation spirituelle

Si vous n'avez jamais essayé la méditation spirituelle auparavant, il peut être difficile de comprendre à quel point elle peut être utile pour développer vos sens psychiques. Dans le chapitre où j'ai parlé des avantages de l'utilisation de votre don de télépathie, j'ai mentionné de nombreux avantages directement liés à la méditation.

Vous ne devriez jamais oublier la méditation, car il s'agit de devenir intimement conscient de soi-même. Comme je l'ai dit, la prise de conscience de soi est l'une des étapes à franchir pour éveiller ses sens psychiques.

La méditation spirituelle est une expérience salutaire qui permet de découvrir la profondeur même de votre identité. Cette forme de méditation élimine toutes les perceptions erronées que vous pouvez avoir de vous-même pour vous montrer votre véritable nature. La méditation spirituelle vous ouvre à votre véritable moi, dont vous vous êtes peut-être caché. Par exemple, si vous avez toujours soupçonné que vous avez des capacités psychiques, mais que vous vous êtes caché par peur ou autre, la méditation peut vous aider à vous voir tel que vous êtes vraiment. Cela vous permettra d'arrêter de fuir vos capacités et vos dons. La méditation spirituelle vous place dans le présent, ce qui est précisément l'endroit où vous devez être si vous voulez vous mettre en phase avec les énergies qui vous entourent.

Naturellement, vous vous demandez peut-être ce que vous avez exactement à gagner avec la méditation. Eh bien, il y a plusieurs choses à gagner, et toutes s'avéreront utiles dans votre voyage télépathique. Le plus grand avantage de la méditation est probablement le fait qu'elle vous débranche de l'énergie frénétique du monde matériel. Lorsque vous méditez, vous ralentissez et vous vous détachez de toute la frénésie du monde dans lequel vous vivez. Cela vous aide à vous concentrer sur ce qui se trouve en vous, ouvrant ainsi la voie à la perception. Lorsque cela se produit, vous apprenez à vous connaître et le « vous » en vous s'éveille. Vous devenez plus conscient du présent, et vous laissez tomber les pensées du passé et du futur. Vous vous ancrez dans le moment présent.

En tant qu'humains, la racine de notre souffrance dans le monde est la croyance que nous sommes une entité distincte du Créateur et des gens qui nous entourent. Contrairement à ce que vous pouvez croire, vous n'êtes pas simplement une composition de corps, d'esprit, de sentiments et de souvenirs. Vous êtes bien plus que cela. Cependant, cette fausse croyance s'incruste dans notre inconscient, créant ainsi de la douleur.

La méditation vous aide à prendre conscience de cette croyance néfaste afin que vous puissiez la laisser partir. Si vous ne la laissez pas partir, la douleur peut vous empêcher de libérer vos pouvoirs et vos capacités, qui proviennent tous de la connexion que vous partagez avec votre Créateur. La méditation éveille votre désir inhérent de comprendre et d'embrasser la vérité de votre être. Vous devenez prêt à accepter les dons que vous avez. L'acceptation est cruciale pour utiliser vos capacités de télépathie. Sans acceptation, vous vous empêchez inconsciemment d'atteindre un niveau qui vous a été naturellement accordé.

Je vous propose ci-dessous quelques pratiques de méditation spirituelle que vous pouvez intégrer à votre routine quotidienne pour éveiller votre véritable moi et, ce faisant, vos sens psychiques. Vous pouvez faire ces exercices individuellement ou les combiner si c'est ce que vous voulez. La meilleure façon d'utiliser ces exercices de méditation est de commencer par l'exercice de méditation sur la respiration, puis de l'enchaîner avec les autres exercices. Allez-y doucement et ajoutez les exercices à votre routine, un par un. Vous pouvez méditer à tout moment de la journée. Personnellement, je fais mes méditations au réveil chaque matin et avant de me coucher chaque soir. Je vous recommande de suivre cet horaire également. Ensuite, vous pouvez pratiquer à tout autre moment de la journée si vous en ressentez le besoin. Plus vous serez à l'aise avec la méditation, plus il vous sera facile de méditer tous les jours. Avant de commencer à méditer quotidiennement, je vous suggère d'aménager un espace de méditation dans une partie de votre maison. Cet espace doit être situé dans la partie la plus calme de votre maison, dans un endroit où vous risquez moins d'être interrompu et distrait. Chaque fois que vous devez méditer, assurez-vous que vos yeux sont seuls, c'est-à-dire pas de distraction visuelle et que votre téléphone mobile est éteint. Cela vous aidera à éloigner les distractions technologiques.

En outre, vos yeux doivent être fermés pendant tous les exercices de méditation. Vous pouvez commencer la méditation par des séances de seulement cinq à dix minutes par jour. Ainsi, vous faites vos méditations pendant cinq à dix minutes le matin, puis cinq à dix minutes le soir. Petit à petit, vous pouvez augmenter la durée de vos exercices de méditation jusqu'à trente minutes. N'hésitez pas à aller jusqu'à soixante minutes si vous le pouvez. Plus vous vous concentrerez pour vous accorder avec la lumière qui est en vous, plus elle se reflétera dans votre vie physique. Plus important encore : plus vos sens psychiques seront aiguisés.

Méditation respiratoire de base

Comme son nom l'indique, il s'agit d'un exercice de méditation essentiel qui peut vous aider à débloquer vos sens psychiques. Mais ne vous laissez pas tromper par la simplicité apparente de la méditation respiratoire et ne sous-estimez pas sa puissance et son efficacité. Cette méditation consiste à prêter attention à votre respiration. Simple, non ? Eh bien, c'est simple, mais cela peut aussi être incroyablement difficile à maîtriser. L'esprit est un organe très distrayant. Lorsque vous essayez de vous concentrer sur votre respiration, vos pensées tentent de vous éloigner du présent. Lorsque vous vous concentrez sur votre respiration, vous vous éloignez du monde physique et vous vous concentrez sur ce qui est en vous. Petit à petit, votre esprit va commencer à se calmer et à s'installer. À mesure que votre mentalego se retire, vous vous ouvrez à une partie plus profonde de vous-même. La conscience commence à se déployer. En surface, la méditation respiratoire de base est assez puissante. Elle peut faciliter la guérison de votre corps physique. La meilleure façon de faire cet exercice est de se concentrer sur sa respiration sans changer sa façon de respirer. En faisant cela, vous vous acceptez et vous vous donnez une chance d'être tel que vous êtes. Plus cette méditation est longue, plus votre esprit devient calme.

Lorsque votre esprit atteint un certain niveau de calme, vos sens psychiques deviennent plus alertes et plus aiguisés. À ce moment-là, envoyer et recevoir un message télépathique devient très facile et rapide.

Comment faire la méditation respiratoire de base ?

Rendez-vous à votre lieu de méditation et prenez une position assise confortable sur le sol ou sur une chaise. Peu importe lequel vous utilisez, je vous recommande d'utiliser le sol pour débuter. Par la suite, vous serez capable de méditer même debout ou dans n'importe quel endroit. Cependant, si vous êtes novice en matière de méditation, il est préférable de vous entraîner dans un espace où il n'y aura que peu ou pas de distractions.

Fermez doucement les yeux. Portez attention à votre position assise et voyez si une partie de votre corps se sent mal à l'aise. Ajustez votre corps jusqu'à ce que vous vous sentiez parfaitement à l'aise.

Maintenant, portez votre attention sur votre respiration. Concentrez-vous sur son rythme. N'essayez pas de changer la façon dont vous respirez. Par exemple, n'essayez pas de ralentir votre respiration. Même si vous ne le faites pas, votre respiration se ralentira plus tard et deviendra plus profonde. Ne détournez pas votre attention de votre respiration. Laissez-la rester telle qu'elle est. Même si elle change, restez concentré. Laissez votre corps respirer précisément comme il le souhaite. La seule chose que vous devez faire est de vous concentrer sur votre respiration. Remarquez quand vous inspirez et expirez. Soyez avec votre respiration.

Naturellement, vous verrez vos pensées s'égarer alors que vous vous concentrez sur votre respiration. Chaque fois que cela se produit, ramenez doucement votre attention sur le présent, sans jugement.
Lorsque vous commencerez cette méditation, vous remarquerez peut-être que votre esprit s'éloigne continuellement de la respiration. Ne vous en voulez pas.

C'est une partie tout à fait normale du processus. Ramenez simplement votre attention chaque fois qu'elle s'éloigne. Avec le temps, vous parviendrez à méditer sans que votre esprit s'éloigne aussi fréquemment. Plus vous vous exercerez, plus vous parviendrez à calmer votre esprit pour recevoir des messages psychiques.

La méditation de pleine conscience

L'objectif de la méditation de pleine conscience est de vous aider à prendre conscience de l'importance du présent. Cette méditation vous aide à apprendre que le temps est une illusion qui existe pour vous distraire du présent. Le présent est la chose la plus importante sur laquelle vous devez vous concentrer à tout moment. Lorsque vous vous concentrez sur le moment présent, vous laissez tomber votre ego, la seule chose qui vous empêche d'actualiser tout votre potentiel. La méditation de pleine conscience vous apprend à vous concentrer sur le moment présent. Essentiellement, c'est ce que vous devez maîtriser si vous voulez faire l'expérience de votre véritable moi tel qu'il est. Cette méditation fait taire les bavardages et les bruits de votre esprit afin que vous puissiez accéder à votre conscience profonde. Le message spirituel télépathique se présente souvent sous différentes formes lorsqu'on se concentre sur le présent et non sur le passé ou le futur. Être dans le moment présent est la clé pour accéder à la réalité.

Commencez la méditation de pleine conscience en pratiquant d'abord le simple exercice de respiration détaillé ci-dessus. Laissez partir toutes les pensées, les peurs et les inquiétudes qui peuvent vous empêcher d'accéder à votre conscience profonde. Oubliez tout ce que vous pensez savoir et concentrez-vous sur les choses que vous essayez de savoir.

Imaginez une table devant vous. Imaginez-vous en train de déposer sur cette table toutes vos peurs, vos préoccupations, vos inquiétudes et vos fardeaux. Jetez-les sur la table un par un. Prenez des vacances de toutes vos perceptions de vous-même, ainsi que de la perception que les autres ont de vous. Laissez partir la personne que vous pensez être, la personne que vous voulez être, et la personne que les autres pensent que vous êtes. Laissez tout cela partir et sentez-vous devenir libre et léger.

Maintenant, concentrez-vous sur le moment présent. Prêtez attention aux sensations dans votre corps. Remarquez les sons, les odeurs et tout ce que vos sens captent dans votre environnement. Chaque fois qu'une préoccupation ou une pensée vous vient à l'esprit pendant votre méditation, posez-la sur la table devant vous.

Permettez-vous de vous enfoncer profondément en vous-même ; dépassez le bavardage superficiel de votre esprit. Observez vos pensées lorsqu'elles flottent dans votre esprit, mais n'essayez pas de vous impliquer avec elles. Laissez-les simplement flotter.

Pendant cet état méditatif, vous pouvez ressentir une tension, comme si vous attendiez que quelque chose se passe. Oubliez cela également et laissez votre attention se concentrer sur le présent. Soyez immobile, conscient et ouvert à toute expérience psychique qui pourrait se produire à ce moment-là.

Rappelez-vous que le but de ces exercices de méditation n'est pas d'utiliser la télépathie. Le but est de vous aider à ouvrir vos sens psychiques afin que vous puissiez utiliser votre don. Si les sens ne sont pas ouverts, c'est impossible.

Méditation des chakras

J'ai vu de nombreux prétendus médiums dire qu'on n'a pas besoin d'entraîner ses chakras pour envoyer et recevoir des messages télépathiques. Cela peut sembler valable pour quelqu'un qui n'a aucune connaissance du fonctionnement des dons psychiques. Bien sûr, le chakra du troisième œil est le chakra lié aux capacités psychiques, de la clairvoyance à la clairaudience. Essentiellement, le chakra du troisième œil est le chakra le plus important pour l'utilisation des dons psychiques. Cependant, le chakra du troisième œil fait partie d'un système énergétique vital. Même si vous ouvrez votre chakra, vous ne pourrez pas utiliser vos sens psychiques tant que les autres chakras seront fermés, bloqués ou désalignés avec le chakra du troisième œil.

Pour utiliser avec succès votre télépathie, vous devez vous assurer que vos sept chakras sont alignés. De plus, si vous vous rappelez bien, le chakra du plexus solaire est en partie responsable de la télépathie instinctive. Le chakra du troisième œil rend possibles la télépathie mentale et ses quatre activités. La télépathie spirituelle ne peut être possible que si votre chakra couronne est éveillé et aligné avec les autres chakras. Par conséquent, le système des chakras dans son ensemble a un rôle crucial à jouer dans votre capacité à actualiser votre plein potentiel psychique. Fondamentalement, nous avons sept chakras qui constituent nos centres d'énergie :

- le chakra racine ;
- le chakra sacré ;
- le chakra du plexus solaire ;
- le chakra du cœur ;
- le chakra de la gorge ;
- le chakra du troisième œil ;
- le chakra de la couronne.

Ces sept chakras doivent toujours rester dans un état d'équilibre et d'alignement pour que votre éveil spirituel ait lieu et que votre don télépathique se débloque. Plus important encore, ils doivent également être ouverts au flux d'énergie vitale à tout moment. Ceci est particulièrement important pour maintenir votre corps physique, émotionnel et spirituel en parfaite santé.

Vous trouverez ci-dessous un exercice de méditation simple pour ouvrir, équilibrer et aligner vos sept chakras afin d'améliorer vos expériences psychiques. Cet exercice doit être réalisé dans l'espace de méditation dont nous avons parlé précédemment.

Asseyez-vous dans une position confortable dans votre espace de méditation, avec votre colonne vertébrale en position verticale, sans être rigide. Concentrez-vous sur votre corps, en commençant par les pieds et en remontant vers le haut. Prêtez attention à la sensation de chaque partie de votre corps pendant que vous vous concentrez et sentez la tension disparaître.

Ensuite, concentrez-vous sur votre respiration. Prêtez doucement attention à l'inspiration et à l'expiration. Vous remarquerez que votre respiration devient plus profonde et plus régulière. Imaginez l'oxygène qui entre dans vos poumons et qui se rend dans toutes les parties de votre corps, des cellules aux organes et aux muscles.

Maintenant, visualisez les battements de votre cœur et votre chakra du cœur avec. Concentrez-vous sur l'harmonie de votre corps. Observez comment toutes les parties se rassemblent pour ne faire qu'un. Prêtez attention à la façon dont votre respiration donne vie à chaque partie de votre corps.

Il est temps d'attirer votre attention sur chacun de vos sept chakras, un par un. L'objectif est d'insuffler de l'énergie à chaque chakra lorsque vous vous concentrez sur lui. Commencez par votre chakra racine, qui se trouve à la base de votre colonne vertébrale. Visualisez un corps d'énergie tourbillonnant dans le sens des aiguilles d'une montre et sentez que l'énergie qui entre et sort de votre respiration alimente ce corps d'énergie et le rend plus grand et plus brillant.

Depuis le chakra racine, allez vers votre chakra sacré et faites la même chose. Faites-les un par un, du chakra sacré au chakra du plexus solaire, jusqu'à ce que l'énergie remplisse chaque chakra. Infusez chaque chakra avec votre énergie vitale. Notez que le temps que vous passez à faire cela n'a pas d'importance. Prenez le temps qu'il vous faut.
La meilleure façon de procéder est de travailler du chakra le plus bas au chakra le plus haut. Ne faites pas la

méditation dans l'autre sens, car cela pourrait avoir un effet négatif.

Une fois que vous avez atteint le chakra le plus élevé, le chakra couronne, l'étape finale consiste à visualiser vos sept chakras alimentés par la boule d'énergie. En faisant cela, les chakras devraient s'unir pour devenir plus proéminents, plus brillants, plus sains et plus transparents. Ils devraient être surchargés et remplis d'énergie.

Enfin, ouvrez les yeux et restez dans votre position de méditation pendant un moment jusqu'à ce que vous vous sentiez détendu pour bouger. Remarquez comment votre corps se sent rafraîchi et revitalisé. À ce moment précis, vos sens psychiques seront tous ouverts et en alerte. Faites la méditation des chakras pendant 15 à 30 minutes chaque fois que vous avez l'impression que vos chakras sont bloqués et entravent vos sens psychiques. Vous vous sentirez à chaque fois plus fort.

Au fur et à mesure que vous progresserez dans votre voyage spirituel et psychique, vous serez exposé à des formes de méditation plus avancées qui amélioreront encore plus vos capacités. Que vous fassiez une méditation de base ou avancée, il y a quelques éléments clés que vous devez avoir à l'esprit à tout moment.

Tout d'abord, la position est tout aussi importante que la méditation elle-même. Une position confortable est une partie cruciale de toute méditation, quel que soit le type de méditation. L'une des meilleures façons de vous assurer que vous êtes dans la position la plus confortable pour votre méditation est de vous éloigner le plus possible du bruit. Si vous le pouvez, vous devriez vous entourer de la verdure de la nature. Si votre position assise n'est pas confortable, il vous sera difficile, voire impossible, d'atteindre votre objectif de méditation, qui est de calmer et d'apaiser votre esprit. Toutefois, votre position ne doit pas être assez confortable pour que vous puissiez facilement vous endormir. L'une des meilleures positions est de s'asseoir droit sur une chaise. Si vous êtes à l'aise en position debout, vous pouvez vous tenir debout, le dos contre un mur. L'essentiel est que vous choisissiez une position qui vous convienne.

Deuxièmement, lorsque vous méditez, vous devez vous immerger dans le processus. En général, lorsque vous avez une tâche à accomplir, vous planifiez le processus, puis vous l'exécutez étape par étape. C'est ainsi que nous accomplissons toutes nos tâches. Cependant, vous ne devriez jamais faire cela avec la méditation, car elle ne devrait pas ressembler à une tâche. La méditation est une activité que vous devez prendre plaisir à pratiquer. La traiter comme une tâche n'est pas idéal. Même s'il y a des étapes à suivre, vous devez faire en sorte que tout soit naturel. Laissez la méditation suivre son cours de manière organique.

N'essayez pas de contrôler l'ambiance ou le processus. Soyez passif et laissez le processus prendre le dessus. Cela devrait se produire de son propre chef. Ne cherchez pas à faire les choses correctement ou à obtenir un résultat précis. Encore une fois, laissez la méditation se dérouler naturellement.

Troisièmement, vous devez toujours reconnaître vos pensées flottantes lorsque vous méditez. Vous ne pouvez pas simplement vous débarrasser de toutes vos pensées parce que vous voulez vous concentrer sur votre méditation. Cela ne fonctionne pas ainsi. Lorsque je dis « vous débarrasser » de vos pensées, cela signifie que vous ne devez pas prendre la peine de les engager ni les ignorer complètement. Il est naturel que votre esprit soit envahi par toutes sortes d'informations lorsque vous vous concentrez sur le présent. La meilleure façon d'y faire face est d'accepter ces pensées. Même si vous vous efforcez de ne pas le faire, vous allez inévitablement y réagir.

Dans une certaine mesure, vos pensées affecteront votre concentration. L'objectif n'est pas de réagir à la pensée ; vous ne devez pas laisser vos pensées dicter le cours de la méditation. C'est là que réside le défi. Reconnaissez vos pensées sans y répondre. Laissez-les s'éloigner afin de pouvoir vous concentrer sur votre méditation.

Pendant que vous êtes assis à méditer, vous pouvez prononcer une prière au Divin. Cela ne doit pas nécessairement être lié à une religion. Choisissez simplement une prière et adressez-la à l'Être supérieur qui est en vous. La prière peut être tout ce que vous voulez ou aimez. Par exemple, vous pouvez dire une prière du genre : « Au nom du Divin, je m'ouvre à la lumière, à l'amour et à la porte psychique ». Il s'agit d'une prière qui vise à vous aider à éveiller vos sens et vos dons plus rapidement. Vous pouvez également chanter un mantra pendant votre méditation. Tout dépend de ce que vous voulez pour vous-même. En fait, dire une prière en inspirant et en expirant peut vous aider à vous concentrer sur votre respiration et sur le présent, ce qui est le but de la méditation.

Considérez la méditation comme une occasion pour vous de réfléchir sur vous-même. Soyez à l'écoute de votre corps physique et des sensations qui le traversent lorsque vous méditez. Soyez en accord avec votre conscience et votre présence dans votre espace de méditation. Soyez conscient du flux d'énergie dans votre environnement. Remarquez ce que vous ressentez tout au long de la méditation. Votre corps se sentira plus léger ; prêtez attention à cette légèreté. Acceptez la réaction de votre corps à la méditation.

Gardez à l'esprit que le principal avantage de ces exercices de méditation est de vous aider à calmer vos pensées et vos émotions. En d'autres termes, il s'agit de se débarrasser du bavardage mental, d'ouvrir vos portails psychiques et de vous préparer à une expérience télépathique. La méditation vous aidera à vous connecter à votre conscience supérieure afin de vous accorder avec le cosmos et tout ce qu'il contient.

Chapitre 7 : Ouvrez votre troisième œil

Le troisième œil est la porte de la conscience supérieure, l'endroit où vous obtenez la capacité de voir dans l'âme des autres ainsi que dans la vôtre. Toutes les compétences psychiques dont nous avons parlé au chapitre 5 proviennent de l'intuition. Le chakra du troisième œil est le siège de l'intuition. Sans le troisième œil, il n'y aurait rien de tel que l'intuition ou les dons psychiques. Si vous n'ouvrez pas votre troisième œil, vous ne pourrez pas débloquer votre télépathie. Ouvrir votre troisième œil signifie que vous avez atteint un niveau d'illumination supérieur à tout autre que vous connaissez. Vous pouvez également appeler le troisième œil l'œil intérieur ou « l'Ajna ». Dans la tradition hindoue, on appelle le troisième œil « l'œil de la connaissance », ce qui résume parfaitement la fonction ou la capacité du troisième œil.

Toute connaissance que vous recevez par l'intermédiaire de vos sens de clairvoyance, de clairsentience, de clairaudience et de claircognition passe par votre troisième œil, car il est la voie de l'illumination.

Ouvrir le troisième œil n'est pas quelque chose que l'on fait une fois. C'est un processus qui nécessite une méditation constante. Lorsque vous commencez à essayer d'ouvrir votre chakra du troisième œil, vous pouvez avoir l'impression qu'il s'ouvre en premier. Vous pouvez commencer à ressentir des sensations familières à l'endroit où se trouve votre troisième œil. Puis, ces sensations disparaissent soudainement et peuvent ne revenir que plusieurs mois plus tard. Cela peut être décourageant, mais si vous êtes vraiment prêt, vous pourrez faire preuve de patience jusqu'à ce que le troisième œil s'ouvre à nouveau. Le processus est généralement plein d'essais et d'erreurs, auxquels vous devez être mentalement préparé. Mais cela ne se produit pas tant que vous n'êtes pas prêt. Par conséquent, si vous ne pensez pas être prêt pour l'éveil de votre chakra du troisième œil, vous ne devriez pas vous embêter avec ce processus. Si vous ouvrez votre troisième œil sans vous assurer que vous êtes prêt pour cela, vous risquez de subir différents effets indésirables.

Comme vous le savez déjà, votre troisième œil est situé dans la zone entre vos sourcils, bien que légèrement plus haut. En fait, votre troisième œil se trouve sur votre front. Ce point central entre vos sourcils est le siège de votre sagesse intérieure, de votre imagination et de votre intuition. Naturellement, vous ne pouvez pas observer physiquement le troisième œil comme vous le feriez avec vos yeux physiques. Cependant, vous pouvez l'imaginer à l'aide d'un exercice de visualisation.

Votre troisième œil, comme son nom l'indique, est responsable de ce qui suit :

- la formation de vos sentiments et de vos instincts ;
- votre capacité à avoir une vue d'ensemble de la vie, la création d'un équilibre entre l'émotion et la logique.

Par conséquent, lorsque le troisième œil est ouvert, vous pouvez utiliser votre intuition et votre sagesse intérieure pour percevoir et comprendre les choses qui défient la logique. Il y a une profonde différence entre ce que vous ressentez lorsque votre troisième œil est ouvert et ce que vous ressentez lorsqu'il est fermé.

L'ouverture du troisième œil est incroyable, mais elle s'accompagne également de nombreux effets secondaires que la plupart des gens ne prennent pas en compte. Avant de commencer à travailler sur l'ouverture de votre troisième œil, vous devez comprendre les effets secondaires et la meilleure façon de les gérer lorsqu'ils commencent à affluer. L'éveil du troisième œil s'accompagne de nombreuses expériences inconfortables qui peuvent vous faire renoncer au processus si vous n'y êtes pas préparé. Si vous vous lancez dans le processus sans y être préparé, vous pourriez choisir de fermer votre troisième œil pour toujours, et ce n'est pas ce que je souhaite pour vous. Comme je l'ai dit, nous avons tous un troisième œil. Mais ce n'est pas parce que tout le monde a un troisième œil que nous allons expérimenter l'éveil de la même manière. Les sensations sont plus intenses pour certaines personnes que pour d'autres. L'objectif est de vous prévenir de cette expérience et de vous présenter des techniques que vous pouvez utiliser pour faire en sorte que votre troisième œil soit une source d'illumination et non de détresse.

Il est intéressant de noter que certaines personnes ont déjà éveillé leur troisième œil sans s'en rendre compte. En toute innocence, elles font des exercices pour le troisième œil, en essayant d'éveiller un troisième œil déjà ouvert. En général, cela se produit parce qu'elles ont réprimé leur conscience de l'éveil par peur. Si vous avez tout le temps de véritables intuitions, il se peut que votre troisième œil soit déjà totalement ou partiellement ouvert. Peu importe comment vous essayez de supprimer votre troisième œil, vous recevrez toujours des messages intuitifs et des sentiments instinctifs tant qu'il restera ouvert. Plus vous recevez des messages intuitifs « sans fondement » qui s'avèrent exacts, plus il est possible que votre troisième œil soit déjà ouvert.

Outre le fait que l'ouverture du troisième œil provoque des sensations intuitives intenses et puissantes, elle entraîne plusieurs autres effets secondaires qui ne sont pas physiquement confortables. Voici quelques effets secondaires auxquels vous devez faire attention lorsque vous commencez à travailler sur l'ouverture de votre troisième œil :

- une légère sensation de pression sur votre front, plus précisément dans la zone située entre vos sourcils. Cette sensation peut être similaire à celle que vous éprouveriez si quelqu'un pressait doucement son doigt entre vos sourcils ;
- vous avez des images dans votre esprit ou vous rêvez de choses juste avant que cela ne se produise ;
- votre environnement semble plus net et vous percevez des couleurs plus vives. Le troisième œil vous permet d'assimiler des détails que vous auriez normalement manqués avec vos yeux humains ordinaires. L'environnement net peut devenir écrasant et intense lorsque le troisième œil s'ouvre ;

- vous avez des maux de tête fréquents qui pourraient presque être considérés comme des migraines, selon l'intensité du réveil. Le mal de tête peut donner l'impression d'avoir une bande enroulée autour de votre tête ou une pression sur votre tempe. Cela se produit souvent en raison de l'ouverture de vos sens psychiques, ce qui rend votre esprit plus vif que jamais.

Ouvrir votre troisième œil peut sembler compliqué et presque impossible si vos chakras ou le chakra du troisième œil sont bloqués. Vous pouvez également lutter en raison d'un déséquilibre des chakras, c'est pourquoi j'ai parlé de la méditation des chakras pour vous aider à garder vos chakras ouverts, équilibrés et alignés.

Si vous ne vous débarrassez pas des blocages dans votre chakra du troisième œil, vous ne pourrez pas accéder à vos pouvoirs à leur plein potentiel. Le blocage et le déséquilibre de ce chakra peuvent être causés par le stress, l'épuisement, la résistance à vos dons, l'anxiété et les conflits répétés. Rappelez-vous que le chakra du troisième œil peut être hyperactif ou sous-actif, vous devez donc prêter attention aux signaux que vous recevez. Si votre troisième œil est sous-actif, vous pouvez avoir du mal à débloquer vos sens psychiques ou à vous concentrer. Vous pouvez également vous sentir anxieux et déconnecté du monde et des gens qui vous entourent. Mais si votre chakra du troisième œil est hyperactif, vous pouvez vous sentir dans le brouillard et déconnecté de la réalité. L'idéal est d'avoir le chakra du troisième œil dans un état d'équilibre où il n'est ni sous-actif ni hyperactif.

Que se passera-t-il lorsque vous ouvrirez votre troisième œil ?

Naturellement, chacun a des raisons différentes de vouloir ouvrir son troisième œil. À la base de tout cela, il y a le désir de déverrouiller la voie vers une conscience supérieure et l'illumination. Voici quelques éléments auxquels vous pouvez vous attendre en ouvrant votre œil. L'expérience peut être accablante et intense, alors n'oubliez pas d'utiliser la méditation pour la rendre plus facile.

Rêves et cauchemars intenses

Si vous ouvrez votre troisième œil sans être prêt ou sans savoir à quoi vous attendre, cela affectera gravement votre sommeil. Vous risquez de faire des rêves et des cauchemars intenses. Si vous ne dormez pas suffisamment, vous vous sentirez déshydraté et fatigué chaque matin. Ce qui rend les choses particulièrement intenses, c'est que les images de votre rêve ou de votre cauchemar peuvent revenir sans cesse dans votre tête. Il vous est alors difficile de vous concentrer sur quoi que ce soit ou même de vous détendre. Lorsque votre sommeil est perturbé, tous les autres aspects de votre vie quotidienne le sont également.

Méditer chaque soir avant de vous endormir peut vous aider à contrer cet effet secondaire de l'ouverture du troisième œil. En méditant avant de vous endormir, vous placez votre esprit dans un état de calme et d'équilibre qui réduit la possibilité que votre troisième œil agisse de manière erratique. En outre, vous pouvez tenir un journal des rêves pour suivre tout ce qui se passe dans vos rêves pendant que vous dormez. Ce qu'il y a de bien avec les rêves vivaces, c'est qu'ils ne disparaissent jamais vraiment d'un coup. Ainsi, même lorsque vous vous réveillerez, vous vous souviendrez de votre rêve aussi clairement que si vous étiez encore en train de rêver. Tenir un journal des rêves peut vous aider à déchiffrer tout thème récurrent dans vos rêves et cauchemars. Si vous traitez et comprenez l'imagerie et le symbolisme qui apparaissent dans vos rêves, votre troisième œil cessera automatiquement de vous inonder de la même chose chaque nuit. Ce qu'il ne faut jamais oublier, c'est qu'il y a toujours un message dans les rêves que vous faites. Alors, faites le nécessaire pour découvrir ce message.

Intuition d'une précision effrayante

Oubliez vos intuitions. Lorsque votre troisième œil commence à s'ouvrir, vous pouvez avoir peur de vous-même en raison de la précision de vos intuitions. Lorsque vous venez d'ouvrir votre troisième œil, votre don vous semble plutôt un fardeau. C'est normal et compréhensible. Vous devenez si doué pour prédire l'avenir et le comportement des autres que vous vous sentez déconcerté. Vous pouvez vous sentir intimidé par la précision de tout ce que vous voyez, et cela peut même vous pousser à vouloir fermer votre troisième œil. Si vous vous sentez comme ça, rappelez-vous pourquoi vous avez commencé et ramenez votre attention sur la façon dont votre don peut vous aider et aider les gens autour de vous. Avec le temps, vous vous habituerez à être précis en permanence, et vous ne vous sentirez plus déconcerté ou intimidé. Quoi qu'il en soit, ne réprimez pas les intuitions que vous recevez. Vous pouvez réduire la fréquence des intuitions en apprenant à ouvrir et à fermer la voie psychique à volonté.

Essayer de les repousser ou de les réprimer pourrait augmenter leur fréquence et leur intensité. Rappelez-vous pourquoi vous avez choisi d'ouvrir votre troisième œil et toutes les bonnes choses que vous pouvez obtenir en le gardant ouvert. N'oubliez jamais que c'est la clé pour être mieux informé sur votre avenir.

L'absence de peur

La plupart des gens disent avoir développé un sentiment d'intrépidité après avoir ouvert leur troisième œil. Certains disent qu'ils se sentent presque invincibles, comme des superhéros. Si vous ressentez la même chose, sachez que c'est tout à fait normal et attendu. L'ouverture de votre troisième œil vous donne un pouvoir profond et peut entraîner une augmentation de votre confiance en vous. Mais si vous ne faites pas attention, ce sentiment d'intrépidité peut devenir malsain.

Contrairement à ce que beaucoup de gens croient, la peur est une émotion nécessaire et essentielle pour votre survie. Tout d'abord, comprenez que l'ouverture de votre troisième œil ne fait pas de vous un surhomme ou une surfemme ; elle ne vous rend pas invincible. Deuxièmement, n'écartez pas la partie rationnelle ou logique de votre esprit à cause de votre nouvelle illumination. Rappelez-vous que le troisième œil est censé être l'équilibre entre la logique et l'émotion. Lorsque cela est nécessaire, assurez-vous d'engager la partie logique de votre troisième œil au lieu de vous fier entièrement à votre intuition.

Que se passe-t-il lorsque le troisième œil est hyperactif ?

Le résultat d'un troisième œil hyperactif est généralement une détresse psychique et psychologique intense. Le troisième œil devient hyperactif lorsqu'il y a une surcharge d'énergie. En conséquence, vous pouvez avoir l'impression d'être perdu dans une mer de visions. Vous pouvez être continuellement bombardé d'informations n'ayant que peu ou pas de rapport avec vous et les personnes qui vous entourent. Si vous ne vous ancrez pas suffisamment, un troisième œil hyperactif peut vous faire perdre pied.

L'un des signes les plus courants d'une hyperactivité du troisième œil est l'excès de fantaisie. En gros, on perd le contact avec la réalité et on devient obsédé par un monde imaginaire. Un autre signe évident est la peur des visions qui apparaissent et traversent l'œil de l'esprit. Lorsque vous ouvrez votre troisième œil sans obtenir le soutien et l'équilibre de tous les autres chakras, votre troisième œil peut devenir hyperactif en raison de l'afflux d'énergie. Le flux incessant de pensées et de visions provenant d'un troisième œil hyperactif peut être mentalement accablant et épuisant. Si vous ne faites pas attention, cela peut perturber votre vie. En conséquence, vous pouvez avoir du mal à prendre les décisions les plus simples. Cette indécision est la conséquence d'un manque de clarté, d'un jugement obscurci, d'une absence de concentration et d'une incapacité à séparer l'imaginaire de la réalité. Dans cet état, même lorsque vous recevez des messages psychiques, vous risquez de ne pas leur donner de sens. Un troisième œil hyperactif se manifeste de la manière suivante :

- maux de tête qui ne disparaissent jamais ;
- crises d'épilepsie ;

- incapacité à dormir ;
- problèmes de vision ;
- nausées ;
- problèmes de sinus ;
- hallucinations ;
- anxiété ;
- brouillard ;
- manque de clarté mentale ;
- délires et paranoïa.

Notez que si je vous parle des effets d'un troisième œil hyperactif, ce n'est pas pour vous effrayer, mais pour vous éclairer avant que vous ne fassiez le grand pas d'ouvrir votre troisième œil. Si les visions deviennent insupportables, vous pouvez rapidement les ralentir. Vous pouvez communiquer avec la source de la connaissance ou de la guidance et demander humblement plus de temps pour vous améliorer afin de recevoir les visions. Si vos visions deviennent incontrôlables, vous devriez alors travailler à vous ancrer à la Terre afin que toutes les énergies supplémentaires puissent aller en elle. Votre guide spirituel sera également disposé à vous offrir protection et conseils pour rendre l'expérience plus confortable pour vous. Demandez doucement à votre guide spirituel de vous envoyer les informations de manière à ce que vous puissiez y accéder, les traiter et les comprendre plus facilement.

Certaines façons d'équilibrer l'énergie de votre troisième œil consistent à apporter des changements positifs et sains à votre mode de vie. Intégrez des aliments complets dans votre alimentation et faites de l'exercice régulièrement. D'autres pratiques vibratoires élevées qui peuvent vous aider à équilibrer l'énergie du chakra du troisième œil afin qu'il ne soit ni trop ni trop peu actif comprennent la guérison énergétique, la guérison par le Reiki, l'aromathérapie, etc.

Maintenant que vous savez à quoi vous attendre avec l'ouverture du chakra du troisième œil, passons à la façon dont vous pouvez ouvrir votre troisième œil ! Il existe plusieurs techniques que vous pouvez utiliser pour l'éveiller. La première dont je veux parler est la méditation du troisième œil.

La méditation du troisième œil

La méditation a essentiellement pour but de vous aider à accorder votre conscience ou à éveiller votre troisième œil. Pourtant, la méditation du troisième œil est spécifiquement différente des autres méditations dont nous avons parlé dans le chapitre précédent. Bien qu'il existe des similitudes dans cette méditation, il est beaucoup plus important de prêter attention aux différences qu'aux ressemblances. Tout ce que j'ai dit sur la méditation, de l'emplacement à la position, s'applique à votre méditation du troisième œil. Donc, reportez-vous au chapitre précédent si vous en avez besoin.

Commencez par votre exercice de respiration, car la respiration est la base de tous les types de méditation. Suivez les instructions figurant sous les directives de la méditation respiratoire au chapitre six.

Faites le vide dans votre esprit afin de pouvoir vous concentrer sur votre troisième œil. Rappelez-vous que votre troisième œil est situé au centre de votre front. Sous vos paupières, essayez de déplacer vos yeux vers le haut jusqu'à l'emplacement de votre troisième œil. Laissez-les y rester pendant que vous poursuivez votre exercice de respiration pour demeurer concentré. Comptez à rebours de 100 à 1 pendant que vous vous concentrez. Ne vous découragez pas si vous ne trouvez pas votre troisième œil instantanément. Concentrez-vous simplement sur la méditation et le comptage des chiffres.

Une fois que vous avez fini de compter à rebours à partir de 100, vous devriez être dans le bon état d'esprit pour accéder à votre troisième œil. Si vous maintenez votre concentration suffisamment bien, vous sentirez l'obscurité partout, à l'exception du troisième œil. La lumière sera allumée, ce qui suggère que votre troisième œil sera en train de s'activer. Une fois votre troisième œil éveillé et activé, vous observerez que votre cerveau est détendu et fonctionne à un niveau plus élevé que d'habitude. Les hémisphères gauche et droit de votre cerveau seront synchronisés, et vous serez hyperconscient de l'énergie dans votre environnement.

Si vous sentez l'énergie circuler dans et autour de votre corps, cela signifie que vous avez éveillé votre troisième œil. Si vous pouvez vous concentrer intensément sur une image visualisée sans que votre esprit soit distrait par autre chose, c'est un autre signe que votre troisième œil est ouvert. Ensuite, vous devez vous permettre de faire l'expérience du troisième œil. Les gens réagissent différemment à l'éveil du troisième œil. Comme certaines personnes, vous pouvez ressentir des images clignotantes qui traversent votre esprit. Il peut s'agir d'images de personnes, de la nature, de la faune et d'autres scènes que vous avez probablement déjà vues. Les personnes qui ont fait cette expérience la décrivent généralement comme le fait de voir ses pensées comme si elles étaient présentées sur un tableau blanc.

Restez concentré sur votre troisième œil pendant au moins dix minutes. Il se peut que vous ressentiez un léger mal de tête la première fois que vous essayez d'éveiller votre troisième œil. N'ayez pas peur : plus vous pratiquerez, moins vous aurez de maux de tête. Essayez de visualiser et de vous concentrer sur une image ou un objet spécifique pendant que vous vivez l'expérience. L'objectif est de centrer votre esprit et de vous aider à rester dans le moment présent.

Après dix à quinze minutes, sortez lentement de votre méditation. Concentrez-vous sur votre respiration et non plus sur votre troisième œil. Prenez conscience de votre respiration et concentrez-vous sur son entrée et sa sortie par vos narines. Vous pouvez à nouveau compter de 100 à 1. Cela vous aidera à vous concentrer lorsque vous sortirez de la méditation.

L'activation du troisième œil peut être lente ou rapide pour vous, en fonction de plusieurs facteurs. Cependant, le délai n'a pas vraiment d'importance tant que vous le faites de la bonne manière. Vous pouvez accélérer le processus d'éveil de votre troisième œil en pratiquant la méditation du troisième œil tous les jours. La pratique quotidienne rend l'activation beaucoup plus accessible et peut-être plus rapide. N'oubliez pas d'utiliser l'attention mentale pour améliorer votre concentration et garder l'œil de l'esprit ouvert. Vous pouvez également pratiquer un peu de Hatha Yoga, qui est très utile pour équilibrer et aligner les sept chakras. Lorsque vous pratiquez la méditation, n'oubliez pas de rester en contact avec votre moi intérieur. Cela devrait être l'aspect le plus important de votre pratique.

Aiguisez votre intuition

Après avoir ouvert votre troisième œil avec la méditation ci-dessus, il existe d'autres moyens de vous assurer que votre troisième œil reste en pleine forme. Le troisième œil étant le siège de l'intuition, le renforcement du troisième œil commence par l'affinement de votre intuition. J'aime recommander aux gens de commencer par favoriser le silence de l'esprit. Vous pensez peut-être : « Oh, n'est-ce pas là le but de la méditation ? » Oui, la méditation consiste à aider votre esprit à cultiver le silence. Mais vous ne pouvez pas méditer chaque minute de la journée, surtout si vous devez travailler ou aller à l'école. Votre meilleure option est donc de trouver d'autres moyens de cultiver le silence de l'esprit.

Favoriser le silence signifie préparer son esprit à recevoir des messages psychiques à tout moment. Les messages télépathiques ne vous préviennent pas avant d'arriver, vous devez donc être prêt à les recevoir ou à les envoyer à tout moment. Si votre esprit n'a pas appris à être silencieux, vous manquerez de nombreux messages cruciaux. Vous pouvez favoriser le silence en vous asseyant dans la nature ou en vous promenant dans un parc ou une forêt. Vous pouvez également le faire en vous absorbant dans votre sport ou votre art préféré. J'en viens maintenant à la façon dont la créativité peut vous aider à aiguiser votre intuition.

Nourrir votre côté créatif peut vous aider à développer et à améliorer votre intuition. Ouvrez-vous à la créativité et laissez-la vous traverser librement. Laissez libre cours à votre imagination ou plongez-vous dans des activités qui vous obligent à être créatif.

Par exemple, apprenez un nouvel art comme la peinture ou le croquis. Lorsque vous pratiquez ce nouvel art, laissez l'inspiration jaillir de votre troisième œil à travers vos mains. Vous serez surpris des résultats que vous obtiendrez. La créativité libère votre esprit rationnel. Votre esprit rationnel fait partie de ce qui contribue au bavardage mental dans votre tête. Il est toujours là pour commenter chaque pas que vous faites, bon ou mauvais. C'est cette partie de vous qui veut contrôler vos actions pour obtenir un résultat spécifique. Lorsque vous êtes créatif, vous faites taire cette partie de votre esprit et vous l'empêchez de vous dicter la réalité.

Plus important encore, vous vous ouvrez aux possibilités. En faisant cela, vous permettez à votre troisième œil de se déployer et de s'épanouir.

Les affirmations sont idéales pour cibler et remplacer un système de croyances négatives qui pourrait avoir un impact sur votre troisième œil. Le but des affirmations pour le troisième œil est de remplacer les croyances négatives par des croyances positives. Elles contribuent à équilibrer votre chakra du troisième œil et à aiguiser vos sens intuitifs. Les affirmations du troisième œil doivent être créées de manière à mettre l'accent sur vos tripes, vos instincts, votre spiritualité et votre sens du but. Voici quelques affirmations efficaces du troisième œil pour vous aider à améliorer vos sens intuitifs :

- « Je m'ouvre à la guidance de mon professeur intérieur. »

- « Je suis conscient de mes intuitions. Je les entends. Je les ressens. Je les sens. Je sais qu'elles me guideront vers le but de ma vie. »
- « Je prendrai les bonnes décisions dans la vie et je le ferai très facilement. »
- « Je crois en la guidance de mon troisième œil. »
- « Je suis intuitif, et je sais distinguer le bien du mal. »
- « Je suis ouvert à des possibilités illimitées. »
- « La guidance de mon troisième œil me mènera à mon but. »

Vous pouvez être aussi créatif que vous le souhaitez avec vos affirmations. L'important est de vous assurer qu'elles sont toutes positives et orientées vers le développement et l'amélioration de votre intuition.

La couleur du chakra du troisième œil est le violet. Vous pouvez vous procurer des pierres énergétiques et des bijoux violets pour garder votre chakra du troisième œil ouvert et le guérir si nécessaire. Chaque fois que vous avez l'impression que votre chakra est bloqué, portez simplement votre bijou avec des pierres énergétiques violettes. Vous pouvez aussi vous procurer de grands cristaux d'énergie et les garder dans votre poche, chez vous ou au bureau. Chaque fois que vous avez besoin de guérir ou de débloquer votre chakra du troisième œil, prenez le cristal, serrez-le doucement et concentrez-vous dessus pendant quelques minutes. Parmi les meilleurs pierres et cristaux, citons l'améthyste, l'obsidienne noire et la fluorine violette.

Certains aliments sont incroyablement utiles pour aider les gens à affiner leurs sens intuitifs. Chaque chakra a un ou plusieurs aliments spécifiques qui l'aident à rester ouvert et en bonne santé. Parmi les aliments spécifiques du chakra du troisième œil qui doivent faire partie intégrante de votre régime alimentaire, citons le chocolat noir, les oméga-3 et, en gros, tous les légumes et fruits violets. Vous pouvez également ajouter des vêtements violets à votre garde-robe et ajouter des touches de violet dans votre maison. Dès que vous avez réussi à ouvrir votre troisième œil, la prochaine grande étape pour vous est de commencer à envoyer des messages télépathiques. Amusez-vous et profitez de l'expérience !

Chapitre 8 : Envoyez des messages psychiques aux autres

Une fois que vous avez ouvert votre chakra du troisième œil, l'envoi de messages télépathiques devient plus accessible. Avant d'aborder les techniques que vous utiliserez pour envoyer des messages télépathiques, j'aimerais vous présenter quelques éléments qui pourraient entraver votre réussite dans la pratique de la télépathie.

La première chose qui pourrait rendre tous vos efforts futiles est un manque de croyance. Bien sûr, vous avez lu ce livre sur la télépathie, mais quelle est votre conviction quant à l'existence ou l'utilité de la télépathie ? Si vous ne croyez pas en quelque chose, comment pouvez-vous utiliser ses pouvoirs ? Votre système de croyances est le fondement même de votre capacité à envoyer des messages par télépathie. Si vous ne croyez pas que c'est possible, alors vous ne serez pas capable d'utiliser la télépathie. La première étape consiste donc à vous assurer que vous y croyez. Dès que vous y croyez, tout le reste devient super facile. Le fait d'être sceptique ferme votre esprit à l'expérience que vous voulez vivre.

Lorsque vous vous préparez à envoyer un message télépathique à une autre personne, croyez que le message atteindra la personne que vous voulez. La croyance commence par le dépassement de votre peur de ne pas obtenir votre désir dans la réalité. De nombreuses personnes se lancent dans la télépathie en se disant :

« Oh, je ne pense pas avoir le don ou quoi que ce soit, mais laissez-moi essayer et voir quand même. » Ils pensent ainsi parce qu'on leur a fait croire que la télépathie est un don qui n'est accessible qu'à une poignée de personnes.

Bien sûr, c'est faux. La télépathie est un don naturel que possède l'ensemble de l'humanité. La différence essentielle est que la plupart des gens ont supprimé leur don d'enfance et ne peuvent plus y accéder en raison de sa mise en sommeil. C'est précisément la raison pour laquelle je vous suggère de commencer votre voyage dans la télépathie en ouvrant d'abord vos sens psychiques et en commençant à les utiliser à nouveau. La peur est donc à la base de l'absence de croyance. Pour commencer, vous devez vous défaire de votre peur de l'échec. La peur vous empêche de croire que vous pouvez avoir ce que vous voulez. Lorsque vous voulez vraiment que quelque chose se produise dans votre vie, vous laissez tomber la peur. Vous devez vous débarrasser des croyances négatives afin d'entrer dans l'état vibratoire le plus élevé, où vos chakras sont alignés. Plus vous êtes confiant dans votre capacité à y arriver, plus vous êtes entouré d'énergies positives.

Une fois que vous avez surmonté votre peur et que vous croyez en votre capacité, rien ne vous empêche d'envoyer des messages télépathiques en utilisant l'une des techniques présentées ci-dessous. Avant de poursuivre, rappelez-vous que la télépathie ne se maîtrise pas en un jour ou une nuit. Si quelqu'un vous dit le contraire, n'hésitez pas à lui répondre que vous n'êtes pas ignorant. Selon le degré d'assoupissement de votre sixième sens, la télépathie peut vous prendre des jours ou des mois.

Vous pouvez augmenter vos chances en vous exerçant quelques minutes par jour. La télépathie demande beaucoup de temps, de patience et de pratique. Vous pouvez y arriver si vous êtes prêt à consacrer suffisamment de temps à la pratique quotidienne. Soyez donc prêt à vous entraîner au moins 20 à 25 minutes par jour. Si vous avez besoin de plus de temps pour pratiquer, vous pouvez ajouter des minutes supplémentaires. La durée de votre pratique quotidienne est susceptible d'être modifiée en fonction de votre emploi du temps personnel ; ajustez-la si nécessaire.

Tout d'abord, vous avez besoin de quelqu'un avec qui pratiquer tous les jours. Vous essayez d'envoyer un message par télépathie, vous aurez donc besoin de quelqu'un pour recevoir ce message. La personne avec laquelle vous vous entraînez doit être proche de vous. En tant que débutant, vous ne devriez pas essayer de pratiquer à distance. Il est préférable d'être à proximité de la personne à qui vous envoyez un message. Deuxièmement, vous devez vous assurer que votre esprit et votre corps sont dans un état de relaxation avant de vous lancer. L'envoi d'un message est beaucoup plus facile lorsque vous et votre partenaire de pratique êtes tous deux dans un état de relaxation. Votre destinataire doit libérer son esprit des pensées vagabondes. Assurez-vous de pratiquer avec quelqu'un qui partage votre conviction de ce que vous essayez de faire. Sinon, cette autre personne risque de compliquer inutilement le processus. La visualisation est un élément essentiel de celui-ci. Ainsi, pratiquez un simple exercice de visualisation chaque jour pour améliorer votre capacité à visualiser. La visualisation est un moyen efficace de définir vos pensées et de les concentrer sur le présent. Maintenant, passons aux choses sérieuses.

Technique 1 : méditation pour la télépathie

La pièce que vous souhaitez utiliser pour cette pratique doit être un lieu de solitude. Il peut s'agir de votre salle de méditation habituelle ou d'une autre pièce qui, selon vous, peut faire l'affaire. L'important est de vous assurer que la pièce que vous choisissez est adaptée à la pratique. S'il y a des gens autour de vous, dites-leur que vous ne voulez pas être dérangé pendant au moins 30 minutes. Entrez dans la salle d'entraînement avec votre partenaire et verrouillez la porte. Une pièce fermée à clé est moins susceptible d'être ouverte aux distractions et aux perturbations.

Fermez les yeux et pratiquez votre exercice de respiration. Commencez par votre respiration normale jusqu'à ce que votre respiration devienne plus profonde et plus douce.

Prêtez attention aux vibrations dans toutes les parties de votre corps. La méditation consiste à ressentir son propre corps. Ressentez les vibrations de la plante de vos pieds et remontez jusqu'au sommet de votre tête. En faisant cela, vous devriez sentir chaque partie de votre corps détendue et prête. Une fois que vous avez détendu chaque partie de votre corps, redirigez votre attention sur votre respiration. Plus vous vous sentez détendu, plus votre respiration devient profonde. À ce moment-là,

vous pouvez commencer à voir des personnes, des choses, des animaux sauvages, des images, etc.
Ensuite, portez votre attention sur votre chakra du troisième œil, comme indiqué au chapitre 7. Vous pouvez ressentir un picotement, une démangeaison ou même une petite douleur. Ne luttez pas contre ces sensations. Utilisez la méditation d'activation du troisième œil pour ouvrir votre troisième œil.

Une fois que vous avez ouvert votre troisième œil, visualisez la personne qui se trouve dans la pièce avec vous. Imaginez son troisième œil dans votre esprit et concentrez-vous sur le troisième œil. Imaginez un cercle violet à l'endroit situé entre les sourcils. Cela représente son troisième œil. Imaginez une boule de lumière violette sortant de votre chakra du troisième œil. Maintenant, guidez cette boule de lumière vers le troisième œil de l'autre personne. Dirigez la lumière vers son chakra et regardez-la pénétrer.

Le but de cette opération est d'établir une connexion avec l'autre personne.

Sans cette connexion, vous ne pourrez pas lui envoyer un message par télépathie. Si vous faites bien la visualisation, vous pouvez faire l'expérience de ce que l'on appelle la phase du « corps de lumière », c'est-à-dire que vous avez l'impression d'être un corps de lumière qui se connecte à une autre source de lumière.

Si vous avez réussi à établir cette connexion, vous avez fait un pas de plus vers l'envoi d'un message à cette personne. Quoi que soit ce que vous voulez dire à cette personne, visualisez-le entrer par son chakra du troisième œil.

Nourrissez le message dans l'ouverture aussi longtemps que nécessaire. Notez qu'un message court est idéal pour la pratique, surtout lors de vos premiers essais. Plus le message sera court, plus il sera facile à introduire dans le chakra du troisième œil.

Lorsque la personne aura reçu le message, vous le ressentirez dans vos tripes. Ce sentiment est indéniable et ne peut être simulé. Une fois que vous sentez ou savez que le message est envoyé, vous devez vous arrêter. Cela peut vous prendre quelques secondes à quelques minutes pour envoyer le message. Après quinze minutes d'essai sans succès, vous devez faire une pause et réessayer le lendemain. Réessayer le même jour peut mettre votre esprit à rude épreuve et vous faire sentir mentalement épuisé. Pratiquez une fois par jour. Après la séance, vous ressentirez plusieurs vibrations dans votre corps. Abandonnez-vous à ces vibrations et permettez-vous de les ressentir pleinement.

Rappelez-vous que l'énergie que vous transmettez de vous-même au récepteur n'est pas une attaque psychique ou énergétique ou quoi que ce soit de ce genre. La lumière est nécessaire pour transmettre le message. Elle ne peut en aucun cas nuire à votre chakra ou au sien. L'énergie peut même revitaliser vos chakras et les siens. Cette technique n'est donc pas du tout dangereuse.

Technique 2 : exercice de lecture des pensées

Comme vous le savez déjà, la lecture des pensées est l'une des quatre activités télépathiques. Pour faire cet exercice, vous avez besoin d'un partenaire consentant. En règle générale, vous ne devez pas lire dans les pensées de quelqu'un sans sa permission. Vous pouvez lire dans les pensées de quelqu'un si vous avez des raisons de croire qu'il a des intentions malveillantes à votre égard ou à l'égard de l'un de vos proches.

Vous pouvez également vous entraîner à lire dans les pensées sans dire ce que vous faites. Il s'agit simplement de tester votre capacité à lire dans les pensées. Comme d'habitude, vous devez vous assurer que votre corps et votre esprit sont détendus. Éliminez toute tension ou contrainte dans votre corps et votre esprit. Concentrez-vous sur cette personne et visualisez son chakra du troisième œil en imaginant une icône violette dans la zone située entre ses sourcils. Concentrez-vous sur son chakra du troisième œil. Imaginez ses pensées tourbillonnant dans son esprit. Soyez intentionnel dans votre concentration.

Plus vous vous concentrerez, plus les pensées deviendront claires pour vous. Si vous souhaitez aller un peu plus loin, vous pouvez utiliser votre esprit pour lui demander d'accomplir une tâche simple. Cette tâche peut consister à aller vous chercher un verre ou à dire un mot simple à haute voix.

Si vous voulez qu'il vous apporte une boisson, visualisez-le en train de vous demander si vous voulez une boisson.

Dites-lui alors oui. Imaginez que cette personne se rende dans la cuisine pour vous apporter la boisson. Imaginez qu'elle vous tende la boisson. Et surtout, imaginez-vous en train de la remercier pour la boisson. Il est essentiel de montrer votre appréciation. Laissez les visions défiler dans votre esprit pendant quelques minutes, puis laissez tomber ces pensées et retournez à ce que vous faisiez. L'autre personne ne se lèvera peut-être pas immédiatement pour aller vous chercher la boisson. Attendez qu'elle exécute l'instruction mentale.

Vous ne réussirez peut-être pas du premier coup, mais n'oubliez pas que la clé est la constance et la patience. Continuez à essayer jusqu'à ce que vous y arriviez. Notez que le but de cet exercice n'est pas de changer la volonté de l'autre personne ; vous allez plutôt travailler avec sa volonté. Il est préférable de choisir une tâche qu'elle accomplirait normalement de sa propre volonté. Par exemple, si elle ne vous apporterait pas normalement un verre, ne l'envoyez pas en chercher un.

Technique 3 : Exercice de visualisation à distance

Cet exercice permet de recevoir des informations d'une autre personne à distance. Ces informations peuvent se présenter sous forme de mots, d'images ou d'émotions. Asseyez-vous confortablement dans votre salle de méditation. Posez fermement vos deux pieds sur le sol et redressez votre dos. Respirez profondément et fermez doucement les yeux.

Inspirez profondément, puis visualisez-vous en train de toucher le chakra du troisième œil de la personne dont vous voulez recevoir des informations. Imaginez que vous levez un doigt sur son front. Imaginez qu'une corde argentée sort de son chakra du troisième œil et s'attache à votre doigt pendant que vous visualisez cette image.

Amenez la corde argentée vers votre propre chakra du troisième œil. Imaginez que l'information passe par la corde d'argent dans votre propre chakra du troisième œil. L'information peut prendre jusqu'à quinze minutes avant de vous être transmise, soyez donc patient.

Ouvrez les yeux, étirez-vous et écrivez immédiatement ce qui vous vient à l'esprit. Vous pouvez également dessiner si c'est une image. Vous pouvez utiliser cet exercice pour découvrir les attentes des gens à propos d'un travail ou d'un projet afin de faire un excellent boulot pour eux.

Technique 4 : exercice d'influence à distance

Il s'agit d'un exercice d'entraînement télépathique pour influencer une autre personne avec vos propres pensées, sentiments et besoins. Vous pouvez utiliser l'influence à distance pour établir un excellent rapport avec les gens qui peuvent vous aider à progresser dans la vie. L'exercice ci-dessous peut renforcer votre capacité à envoyer vos sentiments ou vos pensées et à influencer les gens plus rapidement.

Rendez-vous dans votre salle de méditation. Asseyez-vous dans une position confortable et plantez vos pieds fermement contre le sol. Votre dos doit être droit. Inspirez profondément et expirez environ trois fois avant de fermer les yeux.

Concentrez-vous sur votre front et ouvrez votre chakra du troisième œil.

Imaginez une corde argentée qui sort de votre chakra du troisième œil. Concentrez-vous sur la personne que vous voulez influencer et sur la manière dont vous voulez le faire. Imaginez que la corde argentée entre dans le troisième œil de l'autre personne. Laissez le cordon s'attacher à son front. Inspirez et expirez, et visualisez le cordon pénétrant plus profondément à mesure que vous respirez. Respirez trois fois.

Imaginez que vos pensées et vos sentiments passent par le cordon pour atteindre le chakra du troisième œil de l'autre personne. Fixez votre intention sur la manière dont vous voulez l'influencer.

L'information peut prendre quinze minutes avant de parvenir à l'autre personne. Observez le comportement de l'autre personne à l'avenir pour voir si vous avez réussi à l'influencer.

Technique 5 : exercice de télédiffusion

Cet exercice est utile pour envoyer vos propres pensées, sentiments, besoins et désirs à un grand nombre de personnes en même temps. Vous pouvez l'utiliser pour attirer plus de clients dans votre entreprise ou améliorer l'humeur des gens autour de vous. Vous pouvez également utiliser cet exercice lorsque vous réalisez un projet ou une présentation d'entreprise, ou lorsque vous collaborez avec des investisseurs.

Fermez doucement les yeux et respirez profondément. Concentrez-vous sur votre chakra du troisième œil et visualisez l'information que vous voulez envoyer. Formez l'image ou les mots dans votre esprit.

Imaginez une énergie blanche et lumineuse sortant de votre corps. Projetez l'information que vous voulez envoyer au milieu de l'énergie blanche. Le message doit être intégré à l'énergie blanche. Sentez l'énergie partir de vous vers votre public cible. Visualisez votre public cible recevant l'énergie de votre part. Lorsqu'il reçoit l'énergie, cela signifie qu'il reçoit votre message.

Avant de commencer à établir une connexion télépathique avec les personnes qui vous entourent, vous devez d'abord vous concentrer sur vous-même. Vous devez entraîner votre esprit contre les effets abrutissants auxquels la société vous expose chaque jour. Heureusement, il existe des techniques pour améliorer votre esprit afin de rendre la télépathie plus accessible. Les battements binauraux et les tonalités isochrones sont des techniques avec lesquelles j'entraîne mon esprit. Il s'agit d'écouter des enregistrements explicitement conçus pour améliorer l'esprit en vue de la télépathie. Vous pouvez écouter au casque, de préférence dans une pièce sans lumière naturelle ou artificielle. Vous pouvez également utiliser des jeux télépathiques pour améliorer vos capacités.

N'oubliez jamais que la télépathie demande du temps et de la patience. Ne soyez donc pas pressé de communiquer par télépathie. Prenez votre temps et entraînez-vous jusqu'à ce que vous y arriviez vraiment.

Chapitre 9 : La télépathie des jumeaux

Il est de notoriété publique que les jumeaux partagent une connexion spéciale au-delà de ce que l'on voit chez les autres frères et sœurs. Au fil des ans, des rapports sur la télépathie entre jumeaux ont été publiés dans le monde entier. Cela devient plus fascinant lorsque vous réalisez que certains des jumeaux concernés ont été séparés à la naissance. Cela prouve que la télépathie entre jumeaux n'est pas un mythe ou une fiction créée par l'homme. La science n'a pas encore trouvé de preuves empiriques de l'existence de la télépathie entre jumeaux. Cependant, certains éléments anecdotiques indiquent que la télépathie jumelle est bien réelle. Le concept de télépathie jumelle se limite à la façon dont des jumeaux, identiques ou non, échangent leurs pensées et leurs sentiments sans utiliser de mots parlés ou écrits. Il s'agit évidemment de la télépathie telle que nous la connaissons.

Mais la télépathie entre jumeaux est légèrement différente car, en général, les jumeaux n'ont pas besoin de s'entraîner ou de faire quoi que ce soit. Cette capacité leur vient naturellement, surtout dans les moments de détresse.

Si vous êtes jumeau, vous avez probablement fait l'expérience de cette connexion avec votre frère ou votre sœur. Il est arrivé qu'un jumeau éprouve des sensations douloureuses simplement parce que l'autre jumeau, dans un autre endroit, éprouvait la même chose. Il arrive également qu'un jumeau sache au fond de lui que l'autre jumeau est en danger. Le cas des jumelles Houghton en est un excellent exemple. En 2009, les jumelles Houghton, Leanne et Gemma, ont vécu une expérience télépathique qui a mis en évidence le niveau de connexion entre elles. Un jour ordinaire de 2009, Gemma se trouvait chez elle avec sa sœur jumelle. Gemma vaquait à ses occupations quotidiennes. Soudain, elle a éprouvé un horrible sentiment de terreur ; elle avait l'impression que sa sœur était en grand danger.

Comment cela est-il possible ? Après tout, elles étaient ensemble dans la même maison et sa sœur se trouvait dans la salle de bain en train de prendre son bain. Que peut-il bien se passer ? Le sentiment d'effroi était intense, et il ne voulait pas disparaître. Alors, elle a décidé d'aller voir sa sœur dans la salle de bain. Quand elle est arrivée, elle a découvert quelque chose de choquant qui a changé sa vie et celle de sa sœur.

Quelques minutes auparavant, Leanne avait eu une crise dans la salle de bain et s'était évanouie dans la baignoire. Gemma a d'abord pensé que sa sœur se lavait simplement les cheveux, mais elle a vite compris que Leanne était évanouie et immergée sous l'eau de la baignoire. Rapidement, elle a sorti sa sœur de la baignoire et lui a fait un massage cardiaque. Gemma a sauvé la vie de sa jumelle grâce à l'horrible sentiment qui l'a envahie. Si elle n'avait pas ressenti par télépathie ce qui n'allait pas chez sa sœur, elle l'aurait probablement perdue ce jour-là.

Bien qu'il n'existe pas de preuves scientifiques sérieuses de l'authenticité de la télépathie entre jumeaux, il existe des centaines d'autres cas de ce genre et de nombreux chercheurs ont mené des études pour déterminer si le phénomène est bien réel. L'étude menée par Robert Sommer, Humphry Osmond et Lucille Pancyr en 1981 en est un exemple. Cette étude comptait 35 paires de jumeaux comme participants. Les chercheurs ont constaté qu'au moins 12 des 35 paires de jumeaux avaient une connexion télépathique entre eux. Ils ont déclaré avoir expérimenté la télépathie de manière « étrange ». J. B. Rhine a également mené une étude sur la télépathie entre jumeaux avec Sherry et Terry, une paire de jumeaux identiques.

Selon Rhine, Terry et Sherry pouvaient échanger des réponses à des tests dans leur tête. Ils étaient également capables de dire quand l'un d'entre eux se sentait malade ou ressentait de la douleur. Les recherches de Rhine ont également permis de vérifier si les jumeaux pouvaient échanger des phrases complètes par télépathie. Bien que les jumeaux identiques et non identiques puissent partager cette connexion télépathique, il a été constaté que la connexion est plus forte chez les vrais jumeaux que chez les faux jumeaux. Cela pourrait être dû au fait que les vrais jumeaux sont formés à partir d'un seul œuf, ce qui signifie que leurs gènes sont totalement identiques.

Les faux jumeaux, en revanche, sont issus d'œufs différents. Si l'on considère le cas de Gemma et Leanne Haughton, qui sont toutes deux de fausses jumelles, on peut supposer que le fait que les jumeaux soient identiques ou non n'a pas vraiment d'importance. L'essentiel est qu'un lien télépathique existe entre eux. Presque chaque paire de jumeaux a une histoire qui met en évidence la télépathie entre jumeaux. En général, les jumeaux partagent une compréhension innée de leur état émotionnel.

Comme les émotions précèdent le comportement, la plupart des jumeaux se comportent de la même manière et effectuent les mêmes actions. Par exemple, des jumeaux situés dans des endroits différents peuvent acheter le même article en même temps ou prendre leur téléphone pour s'envoyer un SMS au même moment. Ils ont également le don de compléter les phrases de l'autre. Tous ces phénomènes se produisent chez les personnes qui partagent des liens affectifs étroits, mais ils semblent être beaucoup plus forts chez les jumeaux en raison de leurs circonstances de naissance. Après tout, la plupart d'entre eux ont été ensemble pratiquement dès les premières secondes de leur vie. Malgré l'absence de preuves scientifiques substantielles, on ne peut nier le lien télépathique entre les jumeaux.

Ces expériences télépathiques entre jumeaux résultent d'un lien émotionnel profond qui rend les jumeaux extrêmement sensibles aux pensées, aux sentiments et aux besoins de l'autre. Cette connexion procure une profonde empathie entre les jumeaux. Cette empathie est suffisamment intense pour produire des sensations physiques spécifiques. Sur le plan spirituel, la connexion télépathique entre jumeaux est généralement appelée «télépathie de flammes jumelles». En raison de leur connexion de flammes jumelles, les jumeaux peuvent également partager des rêves vifs.

Voyons ce qu'est la connexion de flammes jumelles d'un point de vue spirituel et comment elle permet la télépathie entre jumeaux.

Le lien de la flammes jumelles

La connexion par flammes jumelles fait référence à un lien entre deux personnes qui partagent des flammes jumelles. Bien que vous puissiez penser que les flammes jumelles n'existent que chez les jumeaux, ce n'est pas le cas. La connexion par flammes jumelles peut exister entre deux personnes qui ne sont pas jumelles.

Tout le monde est composé d'énergie, mais nous vibrons à des fréquences différentes. En général, les niveaux auxquels nous vibrons ne changent pas. Il définit qui nous devenons et, plus important encore, avec qui nous nous associons. Les flammes jumelles vibrent sur une fréquence similaire, et c'est pourquoi les personnes qui partagent des flammes jumelles peuvent pratiquer des choses comme la télépathie. Lorsque deux âmes fonctionnent au même niveau vibratoire, il leur est possible de communiquer psychiquement l'une avec l'autre. La connexion entre les flammes jumelles existe avant même que les âmes miroirs n'apprennent à se connaître. Cela explique pourquoi de nombreux jumeaux ont cette connexion bien qu'ils aient été séparés à la naissance. En général, cette connexion est subconsciente. Cependant, vous prendrez conscience de sa présence lorsque vous commencerez un voyage spirituel actif.

Une connexion entre flammes jumelles se manifeste généralement par une intuition partagée, de la télépathie, des rêves communs, une projection astrale et une communication verbale/visuelle. Lorsque des flammes jumelles se rencontrent pour la toute première fois, la première connexion qu'elles expérimentent est leur intuition partagée. Cela se produit parfois lorsqu'on vient de donner naissance à des jumeaux ; les deux jumeaux peuvent essayer de se rapprocher l'un de l'autre. Cela est dû à leur intuition commune. Les âmes miroirs ressentent des sentiments inexplicables qui ne semblent pas être les leurs ; pourtant, elles ressentent très fortement ces sentiments. Cette intuition partagée est ce qui s'est manifesté dans le cas de la sœur Haughton. Gemma a ressenti ce qui n'allait pas chez sa sœur grâce à leur intuition partagée.

Exemple : vous vivez avec votre jumeau. Généralement, votre jumeau rentre à la maison avant 18 heures, et vous avez l'habitude de le voir rentrer à cette heure-là. Il est temps qu'il rentre, il est 17 heures 30. Soudain, des sentiments de déception et de tristesse extrêmes vous envahissent. Vous ne pouvez pas expliquer ces sentiments, et vous vous demandez pourquoi vous vous sentez ainsi. Vous essayez de vous en débarrasser, mais les sentiments s'intensifient. Presque immédiatement, votre jumeau arrive ; d'après l'expression de son visage, vous pouvez dire qu'il a eu une journée incroyablement décevante. Il s'installe pour vous raconter à quel point sa journée a été cauchemardesque.

Dans cet exemple, il est évident que les sentiments de tristesse et de déception éprouvés étaient ceux du jumeau. Pourtant, vous les avez ressentis comme s'il s'agissait de vos propres émotions. Cela illustre comment l'intuition partagée peut se manifester chez les flammes jumelles.
Les émotions laissent une empreinte sur les âmes miroirs telles que les jumeaux. Vous est-il déjà arrivé d'entrer dans une pièce et de sentir que vous pouviez trancher les

tensions avec un couteau ? Vous pouvez dire qu'un conflit vient d'avoir lieu dans la pièce lorsque vous vous sentez comme cela.

La colère est une émotion puissante qui peut vous surprendre lorsque vous l'expérimentez du point de vue d'une autre personne.

Exemple : vous êtes à l'école en train de suivre un cours qui ne vous passionne pas. Soudain, vous ressentez une douleur vive dans votre pied. La douleur disparaît aussi vite qu'elle est apparue. Vous êtes surpris, et vous n'avez aucune idée de la raison pour laquelle cela se produit. Bien que la douleur n'ait duré que brièvement, le souvenir ne vous quitte pas. Vous ne cessez de vous demander ce qui l'a provoquée. Environ une heure après, votre jumeau vous appelle pour vous dire qu'il s'est cassé la cheville dans un accident. La douleur que vous avez ressentie dans votre pied était en fait la sensation de la cheville blessée de votre jumeau.

Dans cet exemple, vous ressentez une sensation physique qui n'est pas la vôtre. Les flammes jumelles peuvent ressentir la douleur, le bonheur et l'excitation de l'autre. Mais la douleur se distingue précisément parce qu'elle est souvent éloignée de la situation actuelle.

Les rêves partagés et la projection astrale sont d'autres moyens pour les flammes jumelles de communiquer par télépathie. Cette forme de télépathie se produit lorsque les jumeaux se trouvent dans des endroits différents. L'attraction de la connexion est si puissante que les âmes des flammes jumelles se rencontrent dans des états de rêve. Cela se produit souvent de différentes manières.

Par exemple, les jumeaux peuvent faire le même type de rêve. Ou ils peuvent entrer dans un état de rêve lucide afin d'être ensemble dans le monde astral. Ils peuvent aussi se projeter dans l'astral pour voyager ensemble dans le plan astral.

L'état de rêve est le moment où vous êtes dans votre forme la plus authentique. Dans cet état, aucune limite ne vous retient. Cela vous permet d'agir librement. Votre âme se dirige naturellement vers une autre âme qui vibre sur sa fréquence dans l'état de rêve. Lorsque des jumeaux sont séparés, leurs âmes restent dans un état immobile. Lorsque les corps physiques sont endormis et que leurs âmes ont la liberté d'explorer, ils ont tendance à se retrouver.

Des communications visuelles et verbales via l'esprit se produisent également entre les jumeaux. Ce niveau de communication télépathique est généralement débloqué lorsque les jumeaux ont grandi ensemble et progressé dans leur voyage d'avancement spirituel. Ce type de communication est différent de celui qui a lieu dans l'état de rêve. Plus le lien se renforce entre les jumeaux, plus leur communication télépathique devient forte.

Quels sont les faits essentiels à connaître sur la télépathie entre flammes jumelles ?

Tout d'abord, la télépathie entre jumeaux ne nécessite pas qu'ils aient des compétences préalables. Le lien est si fort que la connexion se produit tout simplement, même s'ils n'ont aucune connaissance préalable en télépathie. Cela permet aux jumeaux de développer plus rapidement leurs dons de télépathie. Se toucher à distance est également possible avec les flammes jumelles. Cela est particulièrement visible lorsque le cerveau est en état Thêta.

L'état Thêta est atteint lorsque vous laissez tomber votre ego et vos mécanismes de défense. À ce stade, le corps et l'esprit se détendent et s'ouvrent à la communication — c'est le même sentiment que vous éprouvez pendant la méditation ou lorsque vous êtes sur le point de vous endormir. Les jumeaux peuvent se tenir la main par télépathie à distance et même vivre d'autres expériences impliquant des contacts physiques.

Si vous avez une flamme jumelle, vous devez savoir que vous serez toujours sur le même niveau vibratoire. En d'autres termes, votre conscience sera toujours en phase. La fréquence énergétique de votre flamme jumelle est unique pour vous et votre jumeau, ce qui rend cela possible. Plus votre fréquence énergétique est alignée, plus votre connexion télépathique est forte. En ce sens, le grand avantage de la télépathie entre flammes jumelles est qu'elle vous aide à rester en contact avec votre autre moitié, quelle que soit la distance qui vous sépare. Vous pouvez facilement envoyer à votre jumeau quelque chose d'aussi simple que « Je t'aime » en restant en phase avec sa fréquence. Envoyez donc de l'amour à votre jumeau en utilisant la connexion télépathique entre vous.

La communication télépathique entre jumeaux n'est pas toujours verbale. Parfois, elle prend la forme d'un souvenir. Par exemple, si vous êtes une flamme jumelle, vous pouvez soudainement vous rappeler un souvenir qui est loin d'être le vôtre et pourtant assez familier. Ou vous pouvez avoir une impression de déjà-vu. Cela se produit en raison de la fusion de vos énergies. Lorsque l'union des flammes jumelles se produit et que vos énergies fusionnent enfin, vous recevez inconsciemment des informations spécifiques de votre jumeau, tout comme il les reçoit de vous.

Il est intéressant de noter que les jumeaux sont parfois incapables de s'atteindre télépathiquement en raison d'une perturbation de l'énergie. Comme toutes les choses dans l'univers sont composées d'énergie, vous absorbez parfois l'énergie négative des autres. Il en résulte une congestion ou un blocage de vos canaux de communication télépathique. Vous devez donc effectuer chaque jour des exercices spécifiques de nettoyage de l'énergie afin d'empêcher les énergies indésirables de bloquer votre canal ou ligne de communication avec les autres.

Si vous êtes un jumeau et que vous ne vous souvenez pas d'avoir eu une expérience ou une connexion télépathique avec votre moitié, il se peut que vous soyez victime d'un blocage ou d'une perturbation énergétique. La première chose que vous pouvez faire est de nettoyer et de guérir vos centres énergétiques, c'est-à-dire vos chakras. Même si vous le faites seul, vous pourrez aider votre jumeau à nettoyer ses centres d'énergie bloqués.

Comme vous le savez déjà, la télépathie ne fonctionnera pas comme elle le devrait si les centres énergétiques restent bloqués.
Utilisez la méditation des chakras pour libérer vos centres d'énergie et les rendre aussi vibrants qu'ils devraient l'être.

En conclusion, la télépathie jumelle peut être sans faille grâce à la connexion des flammes jumelles. Mais ne vous attendez pas à ce que l'expérience soit comme si vous parliez à travers un téléphone portable. L'expérience est complexe, et l'histoire de chaque personne est unique. Pourtant, vous ne devez pas considérer chaque pensée ou sentiment comme un message télépathique. Parfois, vous pouvez capter vos propres pensées et désirs subconscients. Vous devriez être capable de discerner la différence si vous ne vous complaisez pas trop dans un monde imaginaire créé par votre subconscient. Apprendre à discerner vos pensées de celles de votre jumeau et de celles des autres se révélera incroyablement utile dans votre voyage spirituel.

Chapitre 10 : Fermer la porte télépathique

L'esprit est la porte d'entrée de la télépathie et des autres dons psychiques. Je compare toujours l'esprit à une maison massive dont les portes et les fenêtres sont grand ouvertes. Tout y entre et en sort sans filtre ni contrôle. Chaque pensée, idée, sentiment, désir, besoin, etc. peut y entrer, occuper l'espace et même causer une perturbation. Dans ce cas, personne ne contrôle ce qui se passe dans la maison de l'esprit.

Dans une telle condition, l'esprit n'a aucune barrière pour se protéger de tous les pensées, mots, suggestions et idées. Ils vont et viennent à leur guise. C'est souvent le cas pour l'esprit de la plupart des gens. C'est l'état par défaut des choses. Vous, par contre, ne devriez pas permettre à votre esprit de fonctionner ainsi. Si vous n'apprenez pas à contrôler ce qui entre et sort de votre porte psychique avec le troisième œil, vous vous retrouverez chaque jour bombardé de milliers d'informations pertinentes et non pertinentes.

La meilleure façon de vous protéger tout en gardant vos sens psychiques et votre chakra du troisième œil ouverts est d'apprendre à fermer la porte et la fenêtre de votre esprit. Vous éviterez ainsi d'être bombardé par des pensées nuisibles, inutiles et superflues qui peuvent priver votre esprit de sa santé et de sa vitalité.

La télépathie se produit via un échange d'énergie. Par conséquent, chaque élément d'information auquel vous accédez par télépathie prend une légère bouchée de votre source d'énergie. Selon le type et la taille de l'information, certaines prennent une part importante de votre réserve d'énergie. Pour cette raison, vous devez entraîner votre esprit à ne recevoir que des informations ou des messages pertinents. En apprenant à fermer votre porte télépathique, vous pouvez préserver votre esprit des pensées, idées et sentiments inutiles. Vous pouvez choisir ce que vous voulez recevoir et ce que vous ne voulez pas recevoir.

Vous pourriez penser qu'il est impossible d'apprendre à fermer et à ouvrir la porte télépathique à volonté, mais ce n'est pas le cas. Avec de la persistance et de la constance, vous apprendrez à ouvrir ou fermer volontairement votre porte télépathique. Même si vous n'apprenez à le faire que partiellement, cela fera une énorme différence dans votre bien-être physique, mental, émotionnel et spirituel.

Le contrôle et la maîtrise mentale sont les clés de la fermeture de la porte télépathique. Une fois que vous aurez appris et maîtrisé cette technique, vous ne serez plus affecté par les pensées, les sentiments et les humeurs de toutes les personnes avec lesquelles vous partagez un espace.

Les trois outils les plus essentiels pour entraîner votre porte télépathique à se fermer et à s'ouvrir à votre demande sont la méditation, la pleine conscience et la concentration.

Ces trois éléments ont une chose en commun : ils vous aident à vous ancrer dans le moment présent. Ils permettent également d'améliorer vos capacités de concentration, de renforcer votre processus de réflexion, de stimuler votre paix intérieure et votre épanouissement. Nous avons déjà évoqué la façon dont vous pouvez pratiquer la méditation et la pleine conscience, il n'est donc pas nécessaire de répéter ces informations. Mais je vous propose des exercices de concentration simples à inclure dans votre routine.

Exercices de concentration

Les exercices de concentration ont pour but d'aiguiser l'esprit et de l'entraîner à mieux se concentrer.

Je vais vous présenter trois exercices de concentration qui peuvent renforcer votre puissance mentale et améliorer votre capacité de concentration.

L'entraînement de l'esprit est similaire à l'entraînement du corps. Vous entraînez votre corps en allant à la salle de sport au moins trois fois par semaine. Lorsque vous essayez d'apprendre quelque chose de nouveau, vous devez vous entraîner pendant des heures avant d'en maîtriser les bases. Cela s'applique également à l'entraînement de l'esprit. Lorsque vous essayez d'entraîner votre esprit à filtrer les informations, vous avez besoin de concentration. Et si vous voulez développer votre concentration, cela demande beaucoup de pratique. Même une pratique de dix minutes par jour fera une grande différence dans votre santé spirituelle et psychique.

Naturellement, votre esprit va essayer de vous résister lorsque vous commencerez à vous entraîner. Le mental n'aime pas être contrôlé ; il veut être celui qui contrôle.

Le mental n'apprécie pas la discipline, il essaiera donc de vous empêcher de l'entraîner. Vous aurez du mal à maîtriser votre esprit. Parfois, vous oublierez de vous entraîner ; d'autres fois, votre esprit vous induira dans un état de nivellement. Il existe différentes façons pour votre esprit d'essayer de vous empêcher de le maîtriser. Mais en fin de compte, le choix vous appartient. Vous êtes le maître de votre esprit. Par conséquent, tout se résume à ce que vous voulez faire.

Les exercices de concentration vous aideront à entraîner votre esprit et à le maîtriser jusqu'à ce que vous puissiez volontairement fermer ou ouvrir la porte de votre esprit. De cette façon, vous pourrez filtrer tout ce qui y entre et en sort. Pratiquez toujours vos exercices de concentration dans le même endroit que celui que vous utilisez pour votre méditation. Vous pouvez vous asseoir sur une chaise ou croiser les jambes sur le sol.

Faites un exercice de respiration rapide avant de commencer votre exercice de concentration. Vous devriez consacrer au moins dix à quinze minutes à votre pratique quotidienne.

Commencez par un seul exercice et continuez à ne pratiquer que cet exercice jusqu'à ce que vous le maîtrisiez. Passez ensuite à un autre exercice. Procédez ainsi jusqu'à ce que vous ayez maîtrisé tous les exercices de concentration. Cela peut vous prendre des jours, des semaines ou des mois. Ne passez pas à l'exercice suivant tant que vous n'avez pas maîtrisé le premier.

Exercice 1

Choisissez n'importe quel livre dans votre bibliothèque. Ouvrez le livre et choisissez un paragraphe à compter. Maintenant, comptez les mots dans le paragraphe que vous avez choisi. Après avoir compté, répétez et comptez à nouveau pour vous assurer que vous avez bien compté. Après avoir fait cela plusieurs fois, choisissez deux paragraphes et comptez à nouveau. Passez à une page entière au fur et à mesure que le comptage devient plus facile. Le comptage doit se faire avec les yeux. Ne pointez pas votre doigt sur la page ; comptez simplement mentalement.

Exercice 2

Choisissez un mot ou une phrase et répétez-la silencieusement dans votre esprit pendant cinq à dix minutes. Lorsque vous remarquez que votre concentration s'améliore, augmentez la durée à quinze minutes.

Exercice 3

Comptez mentalement de 100 à 1, en sautant trois chiffres à chaque fois que vous comptez ; par exemple : 100, 97, 94, 91, etc.

Exercice 4

Prenez un objet comme une balle. Concentrez-vous sur la balle. Regardez-la de tous les côtés sans former aucun mot dans votre esprit pour la décrire. Regardez-la simplement avec un esprit vide. Ne pensez à rien pendant que vous regardez l'objet.

Plus vous pratiquerez ces exercices, plus vous progresserez rapidement dans l'entraînement de votre esprit. Laissez le processus se dérouler progressivement. Vous commencerez à voir des différences dans vos capacités de concentration.

Finalement, vous serez capable de vous concentrer sur n'importe quoi sans effort. Cela vous aidera à filtrer les messages psychiques.

Éteindre ses sens psychiques

L'éveil de vos sens psychiques peut être une expérience bouleversante. Lorsque vous commencerez, l'expérience sera nouvelle et excitante, surtout si vous faites des progrès. Vous serez encore plus excité la première fois que vous réussirez à envoyer un message télépathique. Mais le fait que toutes ces choses se produisent simultanément peut rendre l'ensemble du processus intense. Cela peut peser sur votre vie. Donc, de temps en temps, vous pouvez avoir besoin d'éteindre vos sens psychiques. Supposons que vous ayez l'impression de recevoir des informations trop nombreuses. Dans ce cas, cela signifie qu'il y a trop d'énergie qui circule dans votre troisième œil. Dans ce cas, vous devez apprendre à l'éteindre dès que vous en avez envie.

Tout d'abord, vous devez vous entraîner à sortir de votre chakra du troisième œil et de votre esprit. Il est normal que vous ayez envie de consacrer tout votre temps à votre développement psychique et spirituel, mais ne le laissez pas devenir votre vie entière. Vous devez consacrer autant de temps que possible à votre vie humaine. Il doit y avoir un équilibre entre votre vie physique et votre vie spirituelle. Consacrer une partie de votre attention à vos affaires sociales est une façon de détourner l'énergie de votre chakra du troisième œil. Vous ne devez pas laisser toute votre énergie aller à votre troisième œil. Votre esprit sera dans un bien meilleur état si vous répartissez l'énergie dans d'autres domaines de votre vie.

Une façon de détourner l'énergie est de nettoyer votre maison et de vous débarrasser du désordre qui s'y trouve. Faire un peu de nettoyage et rangement ici et là ne vous aidera pas seulement à distribuer l'énergie ; cela vous aidera aussi à favoriser un environnement apaisant pour votre esprit. Une maison ou un espace de travail chaotique entraînera également un esprit chaotique. Par conséquent, si vous vous occupez du chaos dans votre maison ou votre lieu de travail, vous vous occupez en même temps de votre esprit.

Le désencombrement de votre maison stimule votre chakra inférieur. Prêtez attention à vos finances comme à un autre aspect de votre vie. Faites une promenade tous les jours. Assurer un équilibre entre vos sens psychiques et vos portails fait partie intégrante de votre vie. Vous devez être équilibré avec vos centres d'énergie et vos portails psychiques. La télépathie n'est pas une solution rapide pour résoudre un problème lancinant, alors ne la voyez pas comme telle. Pratiquer la télépathie signifie que vous devez passer une grande partie de votre journée dans le domaine psychique. Elle peut vous distraire de vos relations et de tout le reste, mais vous ne devez pas laisser cela arriver.

Consacrez autant de temps que possible à vos relations sociales. Sortez avec vos amis. Passez du temps avec votre partenaire. Allez au parc. Emmenez votre chien en promenade. Faites des choses qui vous aident à rester ancré dans la réalité.

Réduire ses chakras

Dans un chapitre précédent, j'ai parlé de la façon dont vous pouvez ouvrir, équilibrer et aligner vos chakras. Comme vous le savez déjà, vos chakras sont les centres énergétiques du corps. L'énergie circule dans votre corps physique à travers les chakras. Ainsi, chaque fois que vous ressentez un trop-plein d'énergie, la meilleure chose à faire est de baisser votre chakra.

Comme je l'ai déjà dit, les chakras peuvent être hyperactifs ou sous-actifs en fonction du flux d'énergie. La porte télépathique ne peut être fermée si vous n'apprenez pas à contrôler le flux d'énergie dans vos chakras. Vous pouvez éviter une surcharge d'énergie en réduisant les chakras pour recevoir le moins de flux d'énergie possible.

Pour fermer temporairement la porte à votre capacité de télépathie, vous devez désactiver vos centres d'énergie. L'abaissement des chakras vous aidera à augmenter votre énergie personnelle. Cela peut également vous aider à augmenter votre capacité de concentration. Plus important encore, cela peut vous aider à améliorer votre santé et votre bien-être. Lorsque vous fermez la porte télépathique aux pensées et aux sentiments des autres, c'est généralement le résultat final.

Vous trouverez ci-dessous trois techniques de visualisation que vous pouvez utiliser pour abaisser votre chakra.

Méthode du cadran radio

Il s'agit d'une méthode de visualisation pratique pour diminuer l'afflux d'énergie vers vos chakras.

Asseyez-vous dans une pose méditative. Placez vos paumes sur vos genoux et fermez les yeux. Maintenant, visualisez votre intuition sous la forme d'un cadran de radio. Observez le volume et voyez à quel point vos capacités intuitives sont élevées. Notez mentalement votre niveau actuel.

Une fois noté, visualisez-vous en train de baisser le volume de n'importe quel niveau à 1, 2 ou 3. Une fois que vous avez réussi à baisser le volume de votre cadran intuitif, remerciez les esprits et concluez.

Visualisation du thermomètre

Il s'agit d'une méthode simple et directe.

Fermez les yeux et utilisez l'exercice de respiration pour vous mettre dans un état méditatif. Une fois dans cet état, imaginez un thermomètre dans votre esprit. Le thermomètre représente vos capacités intuitives. Imaginez que le niveau du thermomètre diminue jusqu'au niveau le plus bas que vous souhaitez. Visualisez ses degrés baisser un par un.

Une fois que vous avez atteint le niveau souhaité, expirez profondément et levez-vous.

Méthode des fleurs

Si vous aimez les plantes, vous trouverez cette technique agréable et amusante.

Asseyez-vous confortablement, fermez les yeux et faites un exercice de respiration rapide. Maintenant, visualisez vos chakras, en particulier le chakra du troisième œil et le chakra du cœur. Pour que l'énergie aille à votre chakra du troisième œil, elle doit d'abord passer par le chakra du cœur. La plupart des informations sensibles envoyées au corps sont reçues par le chakra du cœur et le troisième œil.

Concentrez-vous sur le chakra du cœur en le visualisant. Ensuite, imaginez une rose qui apparaît au-dessus de vos chakras. La fleur représente vos capacités intuitives. Si la fleur est complètement épanouie, cela signifie que votre intuition est ouverte à cent pour cent. Une fleur à moitié épanouie signifie qu'elle est à moitié ouverte. Une fleur presque épanouie signifie qu'elle est ouverte à 30 %, etc.

Faites la même chose pour le chakra du troisième œil et tous les autres chakras jusqu'à ce que vous vous sentiez à nouveau vous-même.

Lorsque vous avez terminé l'un de ces exercices, veillez à évaluer votre état d'esprit actuel et à le comparer avec celui que vous ressentiez avant d'ouvrir vos chakras. Naturellement, vous devriez vous sentir plus calme, plus ancré et plus en sécurité. Si vous vous sentez ainsi, cela signifie que l'exercice de visualisation a réussi. Tant que vous ancrez votre chakra racine à la Terre, vos chakras resteront toujours légèrement ouverts. C'est mieux que de complètement fermer vos chakras.

Si vous souhaitez à nouveau ouvrir complètement vos chakras, il vous suffit d'inverser l'une des techniques mentionnées ci-dessus.

Lorsque vous réduisez vos chakras et désactivez vos sens psychiques, vous ne perdez pas complètement votre intuition. Elle sera toujours là quand vous en aurez besoin. La différence est qu'elle sera plus endormie qu'elle ne l'est habituellement. Cela rendra le filtrage plus facile pour votre esprit. Avec l'une ou l'autre de ces techniques, vous pouvez contrôler efficacement ce qui a accès à votre esprit et ce qui n'y a pas accès.

Naviguer dans les secrets de la télépathie et du développement psychique est un processus passionnant. Faites en sorte de vous amuser à chaque étape. Ne laissez pas vos pratiques ressembler à une tâche. Oubliez le doute, la peur ou l'inquiétude que vous avez à l'esprit concernant vos capacités. Au contraire, embrassez-vous tel que vous êtes. Plus important encore, ouvrez votre cœur à l'amour et à la lumière. Le chakra du troisième œil ne peut être ouvert que si le cœur est rempli de joie et de bonheur.

Faites donc des choses qui vous rendent heureux. Si vous lisez ce livre et que vous ne vous sentez pas encore prêt à commencer le voyage télépathique, ne vous précipitez pas. Attendez jusqu'à ce que vous soyez mentalement prêt pour le voyage.

Enfin, méditez régulièrement pour rester en phase avec votre conscience supérieure. Un esprit et un corps détendus ne ressemblent à rien d'autre dans le voyage. Prenez soin de votre corps en améliorant votre régime alimentaire, en faisant de l'exercice et d'autres choses qui affectent votre corps physique. N'oubliez pas que tout ce qui affecte votre corps physique affecte également votre corps spirituel. Ainsi, prendre soin de votre corps devrait être une chose obligatoire plutôt qu'un choix. Encore une fois, ne vous limitez pas. Trouvez toujours des moyens d'avancer dans votre voyage spirituel.

Épilogue

La télépathie est inhérente à chacun d'entre nous. Il ne s'agit pas d'un don unique réservé à un groupe particulier de personnes. Vous pouvez être télépathe si vous le voulez. Tout le monde peut devenir télépathe. Mais le déblocage de vos sens télépathiques ne se fait pas si rapidement, comme vous l'avez appris dans ce livre.

La pratique de la télépathie exige de la constance, de la patience et, surtout, de la diligence. Vous devez être prêt à y consacrer du temps et des efforts si vous voulez obtenir des résultats productifs. L'éveil de vos sens psychiques et le déblocage de la télépathie peuvent constituer le fondement de votre processus d'éveil spirituel.

Lorsque vous arriverez enfin à ce stade, vous serez surpris de constater à quel point vous vous êtes empêché d'avancer spirituellement et physiquement.

Je tenais à vous remercier d'avoir non seulement acheté ce livre, mais de l'avoir lu jusqu'à ces dernières lignes. J'espère de tout cœur que vous aussi, vous trouverez votre éveil spirituel, qu'il fera partie intégrante de votre vie et que grâce à cela, vous pourrez utiliser vos dons de télépathe.

Si vous avez aimé ce livre, n'hésitez pas à me faire part de vos commentaires en laissant un avis sur Amazon. Pour cela, il vous suffit simplement de flasher le QR code pour vous rendre directement sur l'espace commentaires Amazon du livre.

Pensez à la quantité de gens que vous aiderez avec votre avis.

Je vous remercie et je vous souhaite un excellent voyage dans le monde spirituel.

À très bientôt, je l'espère.

Dans la même collection

Découvrez d'autres livres de la maison Pénombre Édition en flashant le QR code ci-dessous :

Liens utiles

Envie d'en découvrir plus sur le monde de l'ésotérique ?
Flasher le QR code ci-dessous :

Printed in Germany
by Amazon Distribution
GmbH, Leipzig